KB112108

선비리더십 4

선비정신의 나라
대한민국

선비정신의 나라 대한민국

발행일   2015년 6월 18일

지은이   김 진 수
펴낸이   손 형 국
펴낸곳   (주)북랩
편집인   선일영   편집   서대종, 이소현, 김아름, 이은지
디자인   이현수, 윤미리내   제작   박기성, 황동현, 구성우, 이탄석
마케팅   김회란, 박진관, 이희정
출판등록   2004. 12. 1(제2012-000051호)
주소   서울시 금천구 가산디지털 1로 168, 우림라이온스밸리 B동 B113, 114호
홈페이지   www.book.co.kr
전화번호   (02)2026-5777   팩스   (02)2026-5747

ISBN   979-11-5585-622-2 03320(종이책)   979-11-5585-623-9 03320(전자책)

이 책의 판권은 지은이와 (주)북랩에 있습니다.
내용의 일부와 진부를 무단 전재하거나 복제를 금합니다.

이 도서의 국립중앙도서관 출판예정도서목록(CIP)은 서지정보유통지원시스템 홈페이지(http://seoji.nl.go.kr)와
국가자료공동목록시스템(http://www.nl.go.kr/kolisnet)에서 이용하실 수 있습니다.
(CIP제어번호 : CIP2015016214)

선비리더십 4

선비정신의 나라
대한민국

김진수 지음

선비리더십의 핵심은 균형, 조화, 융합이다.

황희 정승, 세종대왕, 다산 정약용, 이순신 장군에게서
배우는 선비리더십의 모든 것!

북랩 book Lab

선비리더십은 대한민국 토종리더십이다: 선비리더십의 세계화를 위한 제언

성공전략, 처세술, 돈 벌기, 리더십에 관한 저술이 홍수를 이루고 있다.

나는 일주일에 한 번 꼴로 서점에 들른다. 꼭 사고 싶은 책이 있을 때나 없을 때나 습관적으로 서점에 들러서 내가 생각할 수 없었던 사항이나 경험할 수 없었던 분야를 다른 사람의 시각과 경험을 통해서 발견하고 인식하는 기회를 즐긴다.

책이 좋은 이유는 바로 이런 데 있을 것이다. 책값보다 몇 배나 되는 유익한 정보를 손쉽게 얻어 올 수 있기 때문이다.

인간관계, 자기계발, 조직관리에 대한 책이 하루에도 수십 권씩 쏟아져 나온다. 이 중에서도 '리더십'에 관한 책에 눈길을 자주 주게 된다.

몇 가지 베스트셀러에 오른 책들 중에서 저자가 제안하고 있는 핵심 내용을 살펴보면, 거의 대부분이 사람들의 '습관'에 관하여 원칙이나 특징을 정리해 주고 있다는 것을 알 수 있다.

리더십에 관한 저자들의 제안 몇 가지를 보면 다음과 같다.

성공하는 사람들의 7가지 습관

1. 주도적이 되라.

2. 목표를 세우고 시작하라.

3. 소중한 것부터 먼저 하라.

4. 상호이익(윈윈전략)을 모색하라.

5. 먼저 경청한 후에 나를 이해시켜라.

6. 시너지를 활용하라.

7. 심신을 단련시켜라.

리더가 되기 위한 9가지 원칙

l. 칭찬과 감사의 말로 시작하라.

2. 잘못은 간접적으로 알게 하라.

3. 상대방을 비평하기 전에 자신의 잘못을 인정하라.

4. 직접적으로 명령하지 말고 부탁하듯이 요청하라.

5. 상대방의 체면을 세워줘라.

6. 아주 작은 진전에도 칭찬을 아끼지 말라.

7. 항상 격려하라.

8. 상대방이 제안을 기꺼이 하도록 동기를 부여하라.

9. 상대방에게 훌륭한 명성을 갖게 하라.

뛰어난 리더의 8가지 특징

1. 노력하는 자세를 가진다.

2. 탁월한 비전 설정 능력을 가진다.

3. 용기 있는 행동을 실천한다.

4. 성실한 태도를 가진다.

5. 책임감 있는 자세를 가진다.

6. 미래에 대한 뛰어난 통찰력이 있다.

7. 최선을 다하겠다는 약속을 한다.

8. 항상 협력하겠다는 자세를 가진다.

성공한 사람들의 10가지 습관

1. 매우 매력적이고 현실적인 목표를 갖는다.

2. 오늘의 자신, 지금의 나를 출발점으로 삼는다.

3. 타인과 비교하지 않는다.

4. 적극적이고 낙천적이며 정열적인 사고를 갖는다.

5. 창조적인 상상력을 적극 활용한다.

6. 현재의 일을 최후의 일이라고 생각하고 몰입한다.

7. 자신만의 개성적인 매력을 가진다.

8. 성공에 대하여 서두르지 않고, 교만하지 않고, 쉬지 않고, 포기하지 않는다.

9. 명예가 있는 인간이 될 것을 마음에 새긴다.

10. 하나의 일이 끝났을 때, 그것을 성공 체험으로 삼는다.

재미있는 리더가 되기 위한 9가지 원칙

1. 독창적 사람이 되라.

2. 성공을 의심 없이 믿어라.

3. 편견을 없애라.

4. 코뿔소가 되라. (코뿔소는 옆을 안 보고 앞만 보고 간다.)

5. 꾸준히 하라.

6. 자신의 장점을 계발하라.

7. 재미있는 사람들과 사귀어라

8. 먼저 베풀고 도와라.

9. 자신을 위한 시간을 만들어라.

이상은 눈에 띄는 베스트셀러 중에서 핵심 사항만 간추린 것이다.

언뜻 보면 우리 독자들이 모두 알고 있는 내용이라 할 수 있다. 그런데도 수많은 저자들은 같은 내용을 다른 시각과 관점에서 보고 책을 통하여 제안해 주고 있다. 앞으로도 유사한 내용의 저술은 계속해서 출판될 것이다.

생존경쟁이 치열해지고 출세와 성공과 승진을 원하는 사람들이 있는 한, 자기관리와 조직관리, 자기계발과 조직계발, 나와 타인의 관계계발, 나와 조직의 관계계발은 끊을 수 없는 필수적 학습 대상이다.

위에서 열거한 책은 모두 미국에서 출판된 것들이다.

처세술 분야, 성공 전략, 부자 되는 방법, 인간관계, 리더십 분야 등에서 단연 미국은 세계를 리드하고 있다.

따라서 국내에서는 미국의 저자, 미국의 출판사, 미국의 관련 강좌들과 제휴하여, 온·오프라인의 교육, 훈련 과정을 개설하고 리더십 교육 프로그램을 진행하고 있는 전문업체들도 많이 생겨났다. 리더십은 타고난 것이 아니라, 교육과 노력을 통하여 얼마든지 키울 수 있다는 인식도 확산되고 있다.

한 번 자전거를 배우면 언제든지 탈 수 있다. 그것은 학습하여 몸에 밴 습관 때문이다. 인간관계, 비즈니스의 세계도 마찬가지이다. 상대방과의 신뢰를 붕괴시키지 않는 '우호적 관계'를 지속시킬 수 있는 한, 성공적인 비즈니스를 이룰 수 있다. 사람들과 좋은 관계로 만나는 습관이 결국에는 성공을 이끄는 길이다.

사람이 사람을 끄는 힘, 그것을 우리는 '인기'라고 말한다. 삶에서 조직에서 또는 사업에서 성공하는 사람들은 결국 인기 있는 사람들이다. 따라서 성공하는 사람은 인간관계의 달인들이다.

인간관계의 달인이 되기 위하여 제안하는 책들이 권장하는 핵심 내용은 어려운 단어로 표현되지 않는다. 누구나 알기 쉽고 들으면 누구나 알고 있는 사항이다.

인간관계의 달인이 되기 위한 5가지 습관

1. 상대방을 인정하라.

2. 상대방에 동의하라.

3. 상대방을 칭찬하라.

4. 상대방에 집중하라.

5. 상대방에 감사하라.

여기에서 상대방을 빼버리고 인정, 동의, 칭찬, 집중, 감사하라는 단어만 열거해도 좋을 것이다. 사람뿐만 아니라 나를 둘러싸고 있는 모든 일에, 위의 5가지 습관으로 대응한다면 어려운 일이 발생할 원인은 근본적으로 제거할 수 있다. 그러나 세상에는 성공하는 사람보다 실패하는 사람이 훨씬 많다.

왜 그런가?

들으면 그렇구나 하고 이해하고 알기 쉬운 내용인데도 그것을 습관화하지 못하기 때문이다. 습관으로 만들기에는 어려운 장벽이 있다. 지금까지 만들어 놓은 습관을 전부 버려야 한다. 매일, 순간, 지금을 새로운 습관이 체득되도록 꾸준히 지속적으로 훈련하고 노력해야 한다. 아주 소수의 사람만이 그것을 습관으로 체득하여 '인간관계의 달인'이 되는 것이다.

미국을 비롯한 서양에서 출판된 리더십 관련 서적을 보면 한결같이 '인간관계의 달인'이 되라고 강조하며 주장한다. 즉 '타인에게 잘 보여라.'에 초점이 맞춰져 있다.

오로지 '타인에게 잘 보여주기 위해' 대화방법을 훈련하고, 처세의 술수를 공부하고, 사람의 심리를 파악하는 기술을 반복해서 설명해 주고 있는 것이다.

필자는 1960년부터 2010년까지 50년 동안 우리나라에 들어온 수입형 리더십 서적을 분석해 보기로 했다. 표지에 '리더십'이라는 단어가 들어 있는 관련 서적을 무작위로 골라서 180권을 정독해 보았다.

수입형 리더십 책에는 반복해서 눈에 들어오는 글귀들이 있다.

-얼굴을 잘 가꾸어라.

-화장을 잘 하라.

-옷을 잘 입어라.

-이미지를 잘 꾸며라.

-인사를 잘 하라.

-이름을 잘 외워라.

-개인의 특징을 잘 기억하라.

-말을 잘 하라.

-칭찬을 잘 하라.

-약속을 잘 지켜라.

-심리를 잘 파악하라.

-시간관리를 잘 하라.

등이 그것이다. 이렇게 인간의 겉치레를 강조하고 남에게 잘 보이기 위한 외면 가꾸기에 치중되어 있는 내용이 대부분이다. 지난 50여 년 동안 수입형 리더십을 공부해온 결과는 어떠한가? 오늘날 우리 사회에 '외모지상주의'를 고착화시킨 부정적 측면이 있었음을 부인할 수 없다.

화장을 잘 하고, 인사를 잘 하고, 이름을 잘 외우고, 칭찬을 잘 하고, 심리파악을 잘 하는 태도와 습관은 타인을 기분 좋게 하는 긍정적 기술이지만 인간의 본성을 무시하는 불순한 의도가 들어가면 거짓, 허위, 위선으로 자신을 위장하는 비열한 무기로 바뀔 수 있다.

이렇게 '남에게 잘 보이기 위한 기술'은 자신을 위장하고 포장하는 가식의 기술이 될 수 있는 것이다. 오늘날 우리 사회에 범람하고 있는 수많은 사기범죄와 무관하다고 할 수 없지 않은가?

수입형 리더십은 대화의 달인이 되고, 처세의 달인이 되고, 심리의 달인이 되어 '인간관계의 달인'이 되면 훌륭한 리더가 될 수 있다고 강조하고 있지만 필자의 생각으로는 이것은 어디까지나 대화술, 처세술, 심리술이지 진정한 의미의 리더십은 아니라고 생각한다.

진정한 의미의 리더십은 눈에 보이는 외모 가꾸기, 잘 보이기 위한 습관 만들기 등의 겉모습 꾸미기에 있는 것이 아니라 눈에 보이지 않는 인성 가꾸기, 인간 본성을 갈고 닦아 자신의 빛을 발하게 하는 내면 꾸미기에 있다. 인간의 내면이 잘 가꾸어지면 그것은 자연스럽게 외면으로 표출될 수 있는 것이다. 한국형 토종 리더십은 리더십의 뿌리인 격물, 치지, 성의, 정심으로 인간의 내면을 갈고 닦는 것을 기본으로 삼는다.

목 차

부록

한국형 토종 리더십(선비리더십)은 무엇인가?

미국을 위시한 서방에서 연구되고 저술된 '현대적 리더십'의 내용에 대하여 머리말에서 살펴보았다. 그렇다면 우리나라의 전통 리더십은 무엇인가?

한국형 토종 리더십은 '선비정신'에서 찾아볼 수 있다.

'선비리더십'을 만들어낸 '선비정신'의 본질은 무엇인가?

선비정신의 핵심은 8가지 단어로 요약할 수 있다.

'인, 의, 예, 지, 효, 충, 경, 신'이 그것이다.

개인 인격계발을 위해서는 인仁, 의義, 예禮, 지智의 4단어가 기본 핵이 된다. 조직 인격이나 대인관계 계발을 위해서는 효孝, 충忠, 경敬, 신信의 4단어가 기본 축이 된다.

개인의 인격완성은 인, 의, 예, 지를 기반으로 공부하였고, 대인관계의 인격완성은 효, 충, 경, 신을 중심으로 교육하였다.

'인'은 모든 생명을 긍휼히 여기는 것이다.

'의'는 하늘을 우러러 부끄러움이 없는 것이다.

'예'는 자연의 섭리와 질서를 따르는 것이다.

'지'는 옳고 그름을 분별하는 능력과 슬기를 함양하는 것이다.

개인의 인간적 성숙과 인격적 독립을 위하여 위의 4가지 덕목을 기본으로 삼았다.

'효'는 가족 사랑이다.

'충'은 조직, 사회, 나라 사랑이다.

'경'은 모든 사람에 대한 존중과 섬김이다.

'신'은 모든 관계에 대한 신뢰와 믿음이다.

사람과 사람 사이의 대인관계는 물론이고 자연을 비롯한 모든 존재에 대한 상관관계를 창조적이고 협력적이고 상승적으로 이끌어 내기 위하여 위의 4가지 덕목을 체득해야 했다.

선비가 배운 학문은 성리학이다. 때문에 선비정신이 자라난 기본 토양은 성리학이라 할 수 있다.

성리학이란 인간의 본성과 자연의 이치를 공부하는 학문이다.

성리학은 16세기 중반이 지나서 조선에 토착화되었다.

16세기 중반 당대 세계 최고의 성리학자 퇴계 이황과 율곡 이이에 의해 성리학은 비로소 '조선화'되었다.

그 후 조선사회는 '조선실천성리학'이 개진한 독창적 이념의 실현 과정이었다고 볼 수 있다.

성리학의 기본 교과서로는 사서삼경四書三經이 있다.

이 중에서 필자는 『대학大學』을 리더십의 원전으로 꼽고 싶다. '대학'은 예로부터 통치자의 기본 학문(제왕학)으로, 또는 최고 지도자의 황금률로서 귀중하게 활용되어 왔기 때문이다.

『대학大學』은 말 그대로 '평천하平天下', 즉 '세상의 평안과 평화와 행복'을 도모하는 것을 목적으로 하는 실천과 실행을 위한 이념서이자 지침서이다.

한문 1천 7백 53자, A4 용지 한 장 정도로 짧은 내용이지만, 최고 통치자나 사회 지도자가 반드시 체득해야 할 '3강령 8조목'을 제안하고 있다.

먼저 3강령을 보자.

3강령은 3가지 명제이다.

하나는 명명덕明明德이다. 즉 '밝은 덕을 분명히 밝혀라.'이다.

하나는 친민親民이다. 즉 '사람(백성)을 사랑하라.'이다.

하나는 지어지선止於至善이다. 즉 '무슨 일이든 최고의 선에 이르도록 하고 거기에서 그쳐라.'이다.

만약 최고의 선에서 그치지 않으면 어떻게 되겠는가? 다시 악으로 돌아오게 된다.

덕은 원래 밝은 것이다. 그러나 아무리 본바탕이 밝다 하더라도 그 밝음을 더욱 분명하게 밝히려는 자세와 노력이 필요하다. 그리고 그 밝음을 통하여 모든 사람을 사랑해야 한다. 어둠을 통해서는 사람을 사랑할 수 없다.

밝은 사랑은 따뜻한 사랑이고, 옳은 사랑이고, 보살피는 사랑이고, 섬기는 사랑이고, 조건 없는 사랑이다. 그리고 그 사랑을 통하여 가장 아름다운 최고의 선에 이르는 것이다. 최고의 선, 즉 이상적인 인류사회를 만드는 것이다. 가장 사람다운 삶을 모든 사람과 더불어 영위할 수 있는 행복한 인간사회를 건설하는 것이다.

8조목은 3강령을 실현하는 방법으로 제시된 것이다.

8조목條目을 살펴보면, 격물, 치지, 성의, 정심, 수신, 제가, 치국, 평천하의 8가지 단어로 구성되어 있다.

격물, 치지, 성의, 정심의 4가지 단어는 수신의 핵심이다.

격물格物은 사물과 일의 이치를 궁리하는 것이다. 사물을 앞에 두고 자신을 돌아보며 일의 이치를 궁리하는 과학적 태도를 말한다.

치지致知는 지식과 지혜를 알아내고 강구하는 자세이다. 자연과 우주의 섭리를 알아내 앎과 깨달음에 도달하려는 태도를 말한다.

성의誠意는 성실한 의지, 즉 열정과 집중을 말한다.

정심正心은 바르고 옳은 마음, 즉 흔들림 없는 양심과 원칙을 말한다.

이상의 4가지는 생각과 말과 행동의 뿌리이다. 그렇기 때문에 '수신'의 핵심요소로서 제일 먼저 갖추어야 할 기본 수칙으로 삼았다.

그중에서도 근본은 '정심'이다. 정심은 나무의 뿌리에 해당한다. 그 뿌리에 '성의'라는 줄기가 자라고, 그 줄기에 '치지'와 '격물'이라는 나뭇가지가 자라나는 것이다. 여기까지가 아주 중요한 부분이다. 나무의 그루터기에 해당하는 부분이기 때문이다.

그런 다음에, 수신, 제가, 치국, 평천하의 4가지 단어로 리더십의 발전단계를 제시하고 있다.

수신修身은 자기 자신을 단련하는 것을 말한다. 위에서 말한 4가지의 수신을 위한 핵심요소를 몸에 익히고 자기 것으로 만드는 것이다.

제가齊家는 위에서 단련한 '수신'을 디딤발로 자신의 집안을 이끌고 다스리는 것이다. 자신의 직계는 물론 친족의 모든 집안이 바르고 화목하며 편안함을 말한다.

치국治國은 '수신'과 '제가'를 디딤발로 대인관계, 조직, 사업, 사회, 나라를 이끌고 다스리는 것을 말한다.

'다스린다'는 말은 기운을 북돋우고 섬기고 조정하고 통찰하고 통합하는 것을 말한다. '다스린다'는 말의 속뜻에는 억누르고 억압하고 군림하고 권위를 부리는 행위는 없다. 이 점을 분명히 분별할 줄 알아야 한다.

다스림의 진정한 뜻이 왜곡되어서는 안 된다. 만약 잘못 이해하고 있다면 바로 고쳐서 참뜻을 새겨야 한다.

평천하平天下는 '수신', '제가', '치국'을 디딤발로 천하의 평안과 평화를 도모하는 것이다. 즉 수신, 제가, 치국의 단계적 성장 발전이 가져오는 인류의 행복이라는 열매를 말한다.

나무에서 비유하면 '제가'는 잎이고, '치국'은 꽃이며, '평천하'는 열매이다. 여기에서 아무리 강조해도 부족한 것은 잎과 꽃과 열매는, 나뭇가지와 줄기와 뿌리가 없으면 존재할 수 없는 부분이라는 사실이다.

선비는 '수신'으로서 모든 것의 근본을 삼았다. 그들은 천지에 가득한 사물을 보고 다 나름대로 오묘한 이치가 숨어 있음을 알아내고, 그들의 덕을 본받아 나의 덕으로 삼는 것을 미덕으로 여겼다. 사물의 이치를 보고 자신을 돌아보는 자세를 가졌던 것이다.

정심, 성의, 치지, 격물은 모두 '수신'을 위한 공부이고, 자신의 몸과 마음, 개인의 인격완성을 모든 윤리의 중심에 두었다.

다시 말하면, 천하의 근본은 나라에 있고, 나라의 근본은 집에 있고, 집의 근본은 자신에 있으므로 '수신'이야 말로 지도자의 뿌리이며 기본이라는 것이다.

'수신'이 먼저 되어야 '제가'를 할 수 있고, '제가'가 되어야 '치국'을 할 수 있고, '치국'이 되어야 '평천하'를 할 수 있다는 것은, 모든 일에는 그 근본이 확립되어야 말미가 다스려진다는 뜻으로 뿌리를 튼튼히 하는 '수신'의 중요성을 강조하고 있는 것이다.

이번에는 3강령과 8조목의 상호 관련을 살펴보자.

격물, 치지, 성의, 정심은 '명명덕'의 방법이다.

수신, 제가, 치국, 평천하는 '친민'의 방법이다.

'명명덕'과 '친민'은 그 최종 목표가 '최고의 선에 도달함'에 있다.

사물에는 근본과 말미가 있고, 일에는 시작과 끝이 있다.

근본 이치를 알고, 먼저 할 것과 뒤에 할 것을 알고, 대사 순환을 알면 도道에 접근이 쉬워진다.

명덕을 천하에 밝히고자 하는 지도자는 먼저 그 사회를 다스리고, 그 사회를 다스리고자 하는 지도자는 먼저 자신의 집안을 바로 잡고, 그 집안을 바로 잡고자 하는 지도자는 먼저 자신의 몸을 닦고, 그 몸을 닦고자 하는 지도자는 먼저 그 마음을 바르게 하고, 그 마음을 바르게 하고자 하는 지도자는 먼저 그 뜻(意)을 진실되게(誠) 하고, 그 뜻을 진실되게 하고자 하는 지도자는 먼저 그 앎(知)을 다(致)하고, 그 앎을 다하고자 하는 지도자는 사물의 원리를 먼저 파악해야 한다는 것이다.

공자는 사람이 살아간다는 것은 덕(德)으로 살아가는 것이라고 말한다.

인간이 자기의 본성으로 지니고 있는 것을 덕으로 보고 있는 것이다.

우리 인간이 본래 가진 덕은 순수하고 밝은 것이라 생각하여 '명덕明德'이라 하였다.

그러나 인간은 살아가는 동안 풍속, 습관, 물욕 등 후천적 영향으로 본래의 명덕이 흐려지고 거기에서 악덕이 발생할 가능성이 커지기 때문에, 타성적 생활 속에서도 그 밝은 빛을 잃지 않도록, 즉 타고난 인생의 진리인 본성을 자각하여 밝게 드러내야 한다는 것으로 '밝히라는 뜻'을 강조하여 '명명덕'이라 하였던 것이다.

따라서 본래의 밝은 본성을 계속 밝혀 나가야 하는 것이 우리 인간이 원초적으로 해야 할 일임을 거듭 강조하고 있는 것이다.

5백 년 조선의 중심사상은 '선비정신'이었다.

이제 선비정신이 대한민국의 중심사상으로 자리 매김을 해야 한다. 뿐만 아니라 한국에서 태어나고 한국에서 자라났지만 선비정신이 세계 속으로 널리 그 가치가 퍼져나가야 한다.

중화정신이 중국의 중심사상이고, 사무라이정신이 일본의 중심사상이라면, 선비정신은 한국의 중심사상이다.

선비정신은 '지도자 정신'이다. 지도자 정신은 통치자의 '명명덕', '친민', '지어지선'을 실천하는 지도력의 뿌리이다. 그리고 이런 지도자 정신이 바로 '한국형 토종 리더십'이다.

한국은 역사적으로 문文을 중히 여긴 붓의 사회이다. 다시 말하면 문화민족의 나라이다.

선비정신은 힘에 의한 폭력적 지배를 배척해 왔다. 폭력적 지배를 정치적 용어로 '패도覇道'라고 한다. 선비가 가장 싫어한 정치는 '패도 정치'이다. 법치라는 허울을 쓴 패도 정치는 형식적 규율을 만들어 놓고 총칼에 의해 백성을 억압하는 폭력적이고 공포적인 지배를 말하기 때문이다.

선비는 명분과 의리를 밝히고 백성을 설득하고 백성을 포용하는 덕도德道 정치를 지향하였다. 왜냐하면 덕치德治는 공동선의 대의명분과 인도적 원칙에 의한 설득적이고 동의적인 지배를 말하기 때문이다.

조선시대의 정치적 특징의 하나는 명분 사회를 확립하였고, 패도를 지향하는 법치보다는 덕도를 지향하는 덕치를 우선하여 성리학적 인도人道 정치를 실현시켰다는 것이다.

이것이 바로 세계 정치사상사에서 유래를 찾아보기 드물게 한 왕조를 5백 년 이상 지속시킨 보이지 않는 힘이 되었던 것이다.

조선 왕조에서는 왕도 교육을 받았다. 임금이 되려면 현명하고 학식이 풍부한 신하들로부터 의무적으로 교육을 받아야 했다. 즉 '제왕학'을 공부한 것이다.

이 제왕학의 내용은 다름 아닌 선비정신이었다.

원래 선비 '사士'는 올바른 철학을 바탕으로 굳은 지조와 사명감을 가지고 사회적 공공적 책임의식을 지닌 인격체로서 문사文士와 무사武士를 모두 가리키는 말이었다.

그러나 선비의 자격으로서 도덕적 행실과 학문적 식견이 두드러지게 강조되면서 문사의 의미가 집중적으로 부각되었다.

법치의 패도 정치가 형식적이고 강제적인 법의 가차 없는 억압적 집행에 의지하는 정치라면, 덕치의 인도 정치는 인간의 명분 있는 원리 원칙과 인간의 본성인 자율적 양심에 의지하는 정치이다.

그러므로 인간 생활의 원칙과 인간 본연의 양심에 크게 의존하는 덕치의 인도 정치를 하는 국가에서는 교육을 통한 '국민의 인격화' 작업을 무엇보다 중요하게 생각하지 않을 수 없다. 이것이 우리민족을 세계 제일의 교육열을 가진 향학심이 높은 국민으로 만든 토양을 제공하였던 것이다.

대의명분과 원칙으로 국민을 설득하고 덕치로서 국민을 포용하려는 조선왕조가 백성의 인격화 작업 과정에서 설정한 모범 인간형이 바로 '선비'였다.

그렇다면 '선비상'을 우리가 알고 있는 수준에서 열거해 보기로 하자.

◆ 선비는 옳은 일에 대한 꿋꿋한 지조를 가진다.

◆ 선비는 대의를 위해서는 목에 칼이 들어와도 눈 깜짝하지 않는 강인한 기개를 가진다.

◆ 선비는 항상 깨어 있는 청정한 마음 자세와 흐트러지지 않는 단정한 모습과 단호

한 태도를 가진다.

◆ 선비는 명분과 실용의 중용을 탐구하고 실행을 도모한다.

◆ 선비는 명덕과 효충으로 조상과 나라를 섬기고 인의와 신의로 모든 이를 통합하
며 융합하는 행실을 가진다.

◆ 선비는 측은지심과 긍휼지심으로 이웃을 보살피고 상호 존중과 상부상조의 양
속을 솔선하여 베푸는 행실을 가진다.

이상에서 보는 선비상은 우리나라가 세계에 자랑할 수 있는 선비정
신의 상징이라 할 수 있을 것이다.

선비정신을 연마하기 위하여, 선비는 이상형 인간을 만들 수 있는
행동 근거를 세 가지로 선택하였다.

하나는 학행일치學行一致이고, 또 하나는 언행일치言行一致이며, 다
른 하나는 심신일치心身一致이다. 배움과 실천의 일치, 말과 행동의 일
치, 마음과 몸의 일치를 이상형 인간으로 삼은 것이다.

이 세 가지는 선비가 될 수 있는 요건으로 필자는 이를 선비인격의
'삼위일체'라고 정의하고 싶다.

선비는 배운 것은 행동으로 실천할 때 비로소 의미가 있는 것으로
생각했다. 입으로 아무리 거룩하고 거창한 말을 해도 그것을 실행하
지 못하는 것을 보면 즉시 통렬하게 비판하고 매도하는 것을 당연시
하였다.

그뿐만 아니라, 남에게는 후하게 하고 자신에게는 박하게 하는 박
기후인薄己厚人 자세를 견지하여 언제나 남을 도와주는 것을 후덕으

로 여겼으며 자신은 청렴하고 검약한 생활방식을 몸에 익히도록 힘썼다.

또한 세상에서 쓰고 싶은 대로 다 쓰고 남는 여유란 있을 수 없으므로 자신에게는 아끼고 절약해야 남에게 베풀 수 있다고 하는 생각을 갖고 있었다.

선비의 이러한 청렴사상이 조선왕조에 수많은 청백리를 배출시킨 바탕이 되었다.

선비는 삼위일체(학행일치, 언행일치, 심신일치) 정신으로 내공內攻을 가다듬었으며, 박기후인 정신으로 이웃과 사회를 향하는 외공外功을 쌓았던 것이다.

선비의 공부는 어릴 때부터 시작되었다.

6세가 되면 『동몽선습童蒙先習』과 『소학小學』을 배우기 시작했다. 15세가 되면 사서오경 중 『대학大學』을 먼저 배운다. 다음으로 『중용中庸』을 배우고, 그다음은 『맹자孟子』를, 또 그다음에는 『논어論語』를 배운다.

이렇게 사서(The Great Four Books)의 공부가 끝나면, 『시경詩經』을 배우고, 그 후 『서경書經』을 배우며, 그다음에 『역경易經』을 배워 학문의 마무리로 삼았다.

사서삼경四書三經의 공부가 끝나면, 여기에 더하여 『예경禮經』과 『춘추경春秋經』을 공부했다.

이렇게 풍부한 고전 공부로 인간의 가치 있는 삶을 확립하고, 인생의 역사적 사명에 대한 세계관과 인생관을 확립할 수 있도록 하였던 것이다.

그렇다면 여기에서 선비가 공부한 배움의 내용을 살펴보자.

첫째, 이성훈련을 위하여 전공필수과목을 두었다.

철哲, 사史, 문文을 통하여 학문을 연마하였다. 경전을 통하여 철학을 공부하고, 역사를 통하여 세상사의 이치를 공부하며, 문학을 통하여 지식과 정신문화를 공부하는 지성 훈련을 전공 필수로 하였던 것이다.

둘째, 감성훈련을 위하여 교양필수과목을 두었다.

시詩, 서書, 화畵, 가歌 무舞를 통하여 예술과 심신의 단련을 추구한 것이다. 시를 짓고, 글씨를 쓰고, 그림을 그리며, 노래(시조, 창)를 부르고, 부채를 들고 선비 춤을 추면서 풍류도를 몸에 익혔다.

셋째, 신체훈련을 위하여 선택과목을 두었다.

마馬, 궁弓, 검劍을 통하여, 즉 말타기, 활쏘기, 칼쓰기를 공부하여 체력을 키우고, 유사시에는 나라를 위하여 전방의 장수 역할을 수행할 수 있는 무인으로서의 능력을 갖출 수 있도록 훈련하였던 것이다.

조선 선비의 이상형은 끊임없는 지·덕·체의 훈련 연마 작업의 당연한 산물이었다. 최고 통치자인 임금도 이러한 전인적 인격화 작업의 대상에서 제외될 수 없었다. 왕 역시 강도 높은 인격화를 요구받았고 의무적으로 신하들로부터 제왕학 교육을 받았던 것이다. 그 결과로 우리는 조선 왕 중에 지성이 뛰어나고 군주의 자질을 겸비한 학자들이 많았다는 것을 알고 있다.

그리고 또 하나의 특징은 조선 선비들은 정치적·사회적으로 국가의 중심 역할을 수행할 수 있었다는 것이다.

서양의 역사를 보면 많은 지식인들이 권력자의 참모 역할에 그쳤지만, 우리나라에서는 전통적으로 지식인들이 권력의 중심에 서서 권력을 이끌어 가는 주체가 되었다. 이러한 전통은 민주화가 이루어진 오늘날의 우리 정치계에서도 지속되는 현상이다.

선비는 반드시 밟아야 하는 단계적 훈련을 받았는데 훈련의 과정을 매우 중요시했다.

첫째는 사士의 단계로 수기修己를 먼저 하여 자신의 인격을 도야하는 학문을 닦았고, 둘째는 대부大夫의 단계로 치인治人을 할 줄 아는 능력자가 되는 단계를 차례로 밟았다.

따라서 선비는 수기치인修己治人을 바탕으로 하는 사대부士大夫가 되는 것이 일신상의 일차적 목표이기도 하였다.

앞에서 설명한 것처럼 사士는 선비를 지칭한다.

그리고 대부大夫는 관료를 지칭한다.

따라서 '사대부'라 함은 '선비관료'를 지칭하는 것이다.

오늘날 사회에서는 '선비공직자'라고 이야기해야 할 것이다.

'공직자'가 되기 전에 먼저 '선비'가 되어야 한다.

'선비'가 되기도 전에 '공직자'가 된다는 것은 있을 수 없는 일이다.

만약 그러한 일이 일어난다면, 그런 공직자를 가진 사회는 불행해질 수밖에 없을 것이다.

관료는 단순히 관직을 의미하는 데 그치는 것이 아니라 사회적 지도자 또는 리더로서의 뜻을 담고 있다. 그렇기 때문에 '선비관료'라 함은 '선비 지도자'의 의미를 가지는 것이다.

선비 지도자가 되기 위해서는 제일 먼저 수기를 해야 하는데, 수기의 기초 편이라 할 수 있는 소학小學은 청소를 하는 법, 어른을 모시는 법, 손님을 공손히 맞이하는 법 등 실로 사람으로서 사람다운 행위를 하는 기본 규범부터 구체적으로 가르치고 있다.

적어도 자신이 자고 난 이부자리는 자신이 개고, 자신이 흘린 쓰레기는 자신이 치워야 한다는 등의 기초적 수신법도 가르치고 있다.

민주화가 실시되고 있는 오늘날, 시민의식 중에 가장 중요한 의식의 하나인 공동체 속에서의 '자기책임'의식을 조선의 선비는 6세의 어린 나이부터 훈련시켰던 것이다.

선비가 가지고 있어야 하는 기본 의식은 자기책임의식이었다.

오늘날 자기책임의식은 민주시민 의식의 기본이다.

이러한 책임의식을 강조한 것이 '중용적 인성中庸的 人性'이다.

이성의 발현은 의리이고, 감성의 발현은 인정이다.

선비에게는 의리와 인정을 잘 조화시킬 것이 요구되었다.

너무 인정에 치우치면 부패하기 쉽고, 너무 의리에 치우치면 냉혹하기 쉽다.

그렇기 때문에 선비에게는 중용적 인성이 강조된 것이다.

어떤 사안에서도 냉소하거나, 회피하거나, 변명하거나, 핑계를 대지 않았다.

왜냐하면 중용적 인성의 기반은 책임의식이었기 때문이다.

선비는 도덕적 의무감에 살고, 도덕적 책임감에 죽을 수 있는 사람이다.

도덕적 의무감은 행동의 목적을 밝히고 도덕적 책임감은 행동의 수단이 되었다.

한편, 선비의 최대 관심은 항상 대의大義에 있었다.

대의란 현대어로 말하면 '공동선共同善'이다.

공동선 즉 대의의 실현이야말로 이 세상을 살기 좋고 평화로운 세상으로 만드는 지름길이라고 생각한 것이다.

따라서 대의명분이 최고의 선에 자리 잡았고, 대의명분을 위해서는 역성혁명易姓革命조차도 가능하다고 믿고 있었다.

우리의 역사를 보면 성공한 역성혁명이 기록으로 남아 있고, 최고 지도자의 잘못으로 백성이 도탄에 빠지면 혁명적 수단이 권력 창출에 당당하게 돌출된 사례가 현대에 까지 이어지고 있는 것도 선비정신의 발로인 것이다.

조선 왕조에서는 재야 지식인들을 사림士林이라고 불렀다.

'사림'은 선비의 복수 개념이다.

사림은 경학과 역사를 학문의 중심으로 삼았고 문장학의 중요성을 동등하게 다루었다. 그렇기 때문에 철·사·문의 탐구를 같은 비중으로 공부하였던 것이다.

앞에서 설명한 '수신'의 기본 전제 조거이 되는 4조목, 즉 격물, 치지, 성의, 정심을 훈련의 근본 바탕으로 생각하였다.

'격물'이란 사물의 이치를 알기 위하여 관찰하고 실험하는 단게로서 모든 궁리의 기초가 되는 것이다.

송나라의 성리학자 주자는 궁리窮理를 '금일격일물今日格日物 명일격일물明日格一物'이라 하여, 격물치지의 실천 방편이라고 말했다. 즉 객관 사물의 이치를 귀납적·연역적인 탐구를 통하여 깨달아 과학적 지식을 얻는 것을 말하는 것이다.

앎을 얻기 위해서는 과학적 접근이 필요함을 제일 먼저 가르치고 있는 것이다.

'치지'란 격물의 결과로서 이르게 되는 지식과 인식의 경지를 말한다.

내게 필요한 모든 지식을 궁극적으로 얻어 내어 그 지식을 내 것으로 만드는 것을 말한다.

격물에서 치지에 이르는 과정이 궁리이다.

궁리를 통하여 만물의 이치에 통달하고 명확한 지식을 얻을 수 있다는 것이다.

'성의'란 성실한 의지와 진정한 뜻을 가져야 함을 말한다.

'정심'이란 올바른 마음, 즉 양심을 가져야 함을 말한다.

그러므로 '격물', '치지'를 위한 궁리는 무엇보다 '정심'을 바탕으로 한 '성의'로서 해야지, 만약 그렇지 못하면, '수신'이 되지 못한다는 것을 명백하게 설명하고 있는 것이다.

같은 시대 서양의 이탈리아 볼로냐와 프랑스의 일반학원(stadium generale) 등 고등교육 기관에서는 3학 4과를 가르치고 있었다.

3학은 '문법', '논리', '수사학'이고, 4과는 '산수', '기하', '천문', '음악'이었다.

거기에다가 나중에 신학과 법학 교육이 추가되었던 것이다.

조선 왕조의 우리조상들은 이에 버금가는 '철', '사', '문' 교육으로 지성적 인격화를 꾀하였고, '시', '서', '화', '가', '무' 교육으로 감성적 인격화를 도모하였으며, 마지막으로 '마', '궁', '검'의 훈련을 통하여 신체적 인격화를 극대화시켰다.

이렇게 지덕체를 갖춘 최고의 인격적 지도자 육성을 목표로 훈련교육 프로그램을 확립시켰던 것이다.

오늘날 우리나라의 젊은이들 중에서 선비에 대한 개념을 잘못 인식하고 있는 경우를 가끔 본다.

흔히 우리는 선비를 꼬장꼬장하고, 깐깐하고, 청빈의 이미지만을 소유하고 있는 글쟁이에 비유하고 마는데, 이는 조선 선비의 훌륭함과 위대성을 폄하하지 않고는 우리나라를 통치할 수 없었던 일제 강점기의 극히 잘못된 어용학자들이 만들어 낸 조작된 논조 때문이었다.

일본이 대한제국을 식민지화하자 한반도에서는 전국적으로 의병들이 끊임없이 일어났다. 초대 총독 데라우치는 심복이었던 다카하시 관원에게 의병이 일어나는 원인을 조사하라는 밀명을 내린다. 다카하시는 한복으로 갈아입고 삼남지방을 염탐한다. 다카하시의 예상을 뒤집고 조선의 의병장은 군인이 아니라 모두 선비임을 발견하고는 '조선에서 선비를 없애지 못하면 식민통치는 어려울 것'이라는 보고서를 올린다. 이리하여 일제는 선비의 이미지를 훼손하고 비하하기 시작한다. 일제는 어용학자들을 동원하여 선비정신을 말살시키는 데 필요한 왜곡된 논리를 만들어 내어 식민사관을 만들고 무서운 세뇌교육을 시킨다. 일제가 가장 무서워했던 것은 조선 선비와 그들이 가진 선비정신이었기 때문이다.

조선 선비의 사회진출에 관하여 좀 더 살펴보기로 하자.

당시 선비의 조정 등극에는 두 가지의 길이 열려 있었다.

하나는 과거에 급제하여 관료가 되는 방법이 있었고, 또 하나는 초야에 묻혀 산림(山林: 재야 선비의 복수 개념)이 되어 있다가 특채되는 길이 있었다.

과거는 소과와 대과로 분류된다.

소과는 생원, 진사 시험이다.

대과는 문과, 무과 시험으로 중앙 관직에 나아갈 수 있는 시험이다.

예외적으로 잡과가 있다.

의학, 명리학 전공자들 중에서 어의(임금의 건강을 돌보는 사람), 어관(점괘, 풍수지리 등을 보는 사람)을 뽑았다.

경국대전에는 과거시험을 통하여 명과학明課學 교수를 뽑았다는 기록이 있다.

명과학은 천문학, 지리학, 음양학 등으로 주로 중인들이 응시하였고 정년이 보장되는 전문직이었다.

소과 또는 대과의 경로를 밟지 않고 산림이 되어 있다가 특채되는 경우는, 조선왕조 정치구조의 특수한 산물이라 할 것이다.

한 학파의 영수가 임금의 신임을 받아 정치적 권력의 중심인물이 되었을 때 자기 학파의 정치적 이념을 국정에 구현하기 위해 자기 학파의 사람을 초야의 산림 중에서 불러내어 정계에 등용시키는 경우이다.

산림이 본격적으로 정치 일선에 등장하기 시작한 것은 나라의 큰 변란이 있은 직후였다.

임진왜란과 병자호란의 후유증으로 조정과 국가기강이 문란해지고 신료들의 정신상태가 해이해져 국론이 분열되었을 때, 황폐해진 국가를 재건하기 위하여 임금은 참신한 인제를 찾아 나섰다.

이때 인재 풀의 역할을 한 것이 초야에 묻혀 있던 산림이었다. 그들은 국란의 책임으로부터 자유로웠고 신선한 재목으로서 임금과 백성의 기대에 부응할 수 있었던 것이다.

조선 선비의 관료진입에는 또 하나 특수한 경우가 있었는데 이를 '음직陰職'이라 불렀다.

음직은 과거를 거치지 않고, 재야 산림의 특채를 거치지도 않는다. 오직 조상의 음덕으로 얻은 벼슬을 일컬었다. 덕망 높은 조정인사가 죽은 뒤에, 반정 등으로 새로운 조정이 들어서면, 과거 정권에서 핍박받고 죽은 인사의 후사를 물은 후, 그 자손이 초야에 묻혀 있다는 것을 알고는 보은 차원에서 벼슬을 내린 경우를 말한다.

그리고 관직에 진출하지 않고 평생을 초야에 묻혀 지내는 선비를 '은일隱逸'이라 불렀다.

은일이란 선비가 자신이 살고 있는 시대를 난세로 규정하고 무도한 정치판이 자신의 학식을 이용하여 난세를 연장시켜 가려는 시도를 막아야 한다는 일념으로, 정치일선으로부터 몸을 스스로 숨겨 은둔생활을 하는 사람을 말한다.

조선의 선비는 정치지향적이었다.

정치를 통해 자기실현을 하고 또 국가에 이바지하겠다는 의지를 강하게 가지고 있었다.

그러나 정치가 부패하고 문란해졌을 때는 스스로 정치로부터 멀리 거리감을 두어, 지식인으로서의 자신의 인격이 정권의 문란과 부패에 함몰되는 것을 경계하는 데 게을리하지 않았다.

조선 선비가 책임의식 다음으로 강조한 것은 '사명의식'이었다.

선비는 스스로 정치 사회의 주도층이라는 자각과 국가민족을 이끌고 이상형의 나라를 만들어 내야 한다는 사명의식을 가지고 있었다.

이러한 사명의식은 그들이 봉착한 어떠한 사안에 대해서도 책임 회피를 할 수 없는, 그리하여 책임의식을 가장 강조하게 한 자기책임의식의 근거가 되었다.

선비의 삶은 매사에 매우 진지하고 치열하며 열정적이었다.

책임의식은 사명의식에서 나왔고, 사명의식은 선비의 삶을 옳고 바르고 참되게 하는 원동력이었던 것이다.

선비가 최고로 추구한 최고의 가치는 '공동선', 즉 대의大義이고 공의公義이다.

이 '공동선의 실현'이 선비가 추구하는 살기 좋고 편안한 세상을 만드는 지름길이라고 생각했다. 그리고 '공동선'을 이룰 수 있는 잣대로서 '중용적 인성'을 훈련교육의 제1장에 두었던 것이다.

즉 의리와 인정의 두 가지 기준을 평형으로 조화시키는 것이, 모든 사람이 소외감 없이 공평하게 생활할 수 있는 사회를 만드는 길이라는 것을 인식하고 있었다.

선비가 추구한 최고의 가치인 '공동선'을 이루기 위하여 선비는 다음과 같은 방법론을 실행하였다.

첫째, 선공후사先公後私이다.

둘째, 외유내강外柔內剛이다.

셋째, 억강부약抑强扶弱이다.

넷째, 극기복례克己復禮이다.

즉 공적인 일을 우선하고 개인적인 일을 뒤로 미루는 업무자세에 관한 근본정신을 확립하였고, 외면은 한없이 부드럽고 유연한 사람이지만 내면은 강인한 기개와 지조로 굳건하게 본분을 지키는 행동을 하였으며, 공적 업무에 있어서는 투철한 사명의식과 책임정신으로 강한 자보다 약한 자 편에서 그들을 보살피고 돌봐주는 입장을 취했고, 자신의 이기심과 욕망을 내려놓고 사회적 '예'를 중시하여 공동체를 위한 바른 질서를 지키는 일에 진력하였던 것이다.

선비는 목표로 지향한 '극기복례'의 단계를 달성하면 경전에서 말하는 '천인합일天人合一'경지에 도달할 수 있다고 믿었다.

여기에서 하늘을 의미하는 '천'이란 대자연의 질서를 말한다.

천인합일이란 사람과 자연이 하나의 순리와 질서로 조화되고 융합되는 경지를 말하는 것이다.

선비는 나와 남이 융화되고 사람과 자연이 조화되는 대동사회大同社會를 꿈꾸고, 그 꿈을 이루기 위하여 끊임없이 노력한 높은 이상의 소유자였다.

조선의 선비들로 구성된 '사대부'들은 송나라의 성리학을 도입하여,

앞에서 살펴본 바와 같이 16세기에 조선실천성리학을 수립하였다.

그리고 임진왜란과 병자호란 후에는 조선이 문화 중심이라는 자존의식을 드높이면서 '조선 중화주의'를 내걸었다.

18세기 중엽은 조선문화의 전성기로서 조선이 자급자족하는 농경사회에서 상공업사회로 전환하는 시점으로 발돋움하는 '북학운동'이 일어났는데, 이것은 선비들이 조선의 진로를 새로 모색한 작업인 동시에 세계화 운동이었던 것이다.

성리학은 조선에 뿌리를 내리는 과정을 통하여 성리학의 발상지인 중국을 능가하였고, 퇴계, 율곡, 기대승 등과 같은 학자들의 열린 토론으로 오히려 성리학의 새로운 종주국 역할을 하게 되었다.

송나라 때 주희(1130~1200)가 집대성한 '주자성리학'은 300여 년이 지난 뒤 조선 선비들에 의하여 전성기를 맞이하였고, 일본에도 전해졌다.

중국의 민족주의라고 할 수 있는 중화사상中華思想을 창출한 사람도 주희인데 이는 북방족(여진족의 금, 몽고족의 원)의 침입에 시달리며 남으로 쫓겨 내려가는 비참한 나라의 현실을 바로 잡기 위한 대응 논리로 탄생된 것이다.

주희는 이기론理氣論을 폈다.

그는 불변의 원리를 이理로 표현하였다. 그리고 가변의 원리를 기氣로 표현하였다.

불변의 '이'에 송나라를 대입시키고, 일시적인 가변의 작용에 침입군인 북방족을 대입하여 지금은 북방족의 침입을 받고 있지만 불변의 원리로 존재하는 '이'의 중화문화는 결코 꺾이지 않는다는 논리를 세워 중화사상을 만들었던 것이다.

주자성리학의 사상체계는 이기론과 성리설性理說의 두 기둥을 가진다.

성리설은 성즉리性郎理와 심통성정心統性情으로 요약할 수 있다.

마음心이 아직 발달하지 않은 상태가 성性이다.

마음이 없는 상태가 성性으로서 이것이 인간의 도덕적 본성이고, 마음이 발생한 이후는 정情이니, 이것이 인간의 개인적 감정이라는 것이다.

성性은 본연지성과 기질지성으로 나뉜다.

본연지성은 개별화된 기질과 섞이지 않은 순수한 이理, 즉 본연의 성性를 말한다.

기질지성은 각 개체에 부여된 기질과 섞인 이理, 즉 개별화된 성性를 말한다.

미발된 성性에 이미 이理가 갖추어져 있으므로 '성즉리'가 성립되는 것이다.

정情은 사단칠정四端七情으로 설명하고 있다.

사단은 맹자의 사단론四端論에서 연유되고 있다.

맹자에 의하면 인성은 선천적 도덕성이기 때문에 애초에 선善하다.

선善의 내용은 인의예지仁義禮智이다.

즉, 측은지심(불쌍히 여기는 마음)이 없으면 사람이 아니요, 수오지심 (부끄러워하는 마음)이 없으면 사람이 아니요, 사양지심(배려하는 마음)이 없으면 사람이 아니요, 시비지심(옳고 그름을 분별하는 마음)이 없으면 사람이 아니라고 한 것이다.

측은지심惻隱之心은 인仁의 단서端緖이고, 수오지심羞惡之心은 의義의 단서端緖이고, 사양지심辭讓之心은 예禮의 단서端緖이고, 시비지심是非之心은 지智의 단서端緖라고 한 것이다.

사람은 모두 이러한 사단四端을 지니고 있는데, 이것은 마치 우리의 신체에 사지四肢가 있는 것과 같은 것이기 때문에, 이 사단을 잘 확충시키고 강화시켜 나가는 것은 샘물이 흘러서 사방으로 흘러가는 것과 같고, 불이 타서 사방으로 번져나가는 것과 같은 것이라고 설명했다.

우리가 마음을 다한다는 것은 마음의 본성적 측면, 즉 측은한 마음, 부끄러워하는 마음, 배려하는 마음, 옳고 그름을 분별하는 마음을 다하는 것이다.

그리고 이러한 마음을 잘 기르고 확충시켜나가야만 선善한 인간의 본성을 알게 되고, 이 본성을 알게 되면 그것은 곧 인간의 사명을 알게 되는 것이라고 하였다.

이상의 사단四端은 인간의 도덕적 본성이다.

이러한 도덕적 본성과는 대비되는 희喜, 노怒, 애哀, 구懼, 애愛, 오惡, 욕欲은 인간의 세속적 본능이다. 이 세속적 본능을 칠정七情으로 불렀다.

조선 성리학의 확립 이후, 조선의 선비는 수기치인修己治人의 근본 이념에 따라, 먼저 삼위일체三位一體로 상징되는 선비의 인격 요건을 수기의 단계에 완성하여, 선비士가 되고, 대부大夫가 되고, 마침내 사대부士大夫라는 '선비관료'의 역할을 충실히 담당할 수 있었던 것이다.

이렇게 '수기치인'은 선비를 위한 리더십 공부의 필수 단계였다.

선비의 가치 덕목은 어디까지나 명분과 실용의 균형에 있었다.

여기에서 한 걸음 더 발전한 것이 실사구시實事求是 정신이다.

때문에 중용적 인성이 강조되었고, 그러한 인성에서 나온 선비의 기개를 뜻하는 '사기士氣'는 조선 사회의 각 부문을 떠받치고 있던 총체적 의식의 대들보로 매우 중요하게 생각하였다.

오늘날 우리 사회에서도 조직 구성원의 사기를 높이는 일을 리더십의 중요한 요소로 간주하고 있는 것은 선비의 '사기'를 전통적으로 이어 받고 있기 때문일 것이다.

이상에서 살펴본 대로 선비정신은 우리나라의 독창적인 '민족정신' 또는 '국민정신'이다.

뿐만 아니라 '공동선의 실현'을 목표로 하고 있는 인류 최고의 가치 덕목이라 할 수 있다.

그리고 선비정신 속에는 한국인의 정체성이 그대로 살아 숨 쉬고 있다.

오늘날 우리나라 대한민국이 한 단계 차원을 뛰어넘어 성숙하려면, 우리 현실 속에 존재하는 다양한 갈등과 대립, 분열과 증오를 조정하고 해결할 수 있는 도덕적·지성적·문화적 기반을 확립하는 것이 무엇보다 급선무이다.

이런 점에서 우리 조상들이 일구어 놓은 지도력의 핵심사상인 선비정신을 다시 정립하고 새롭게 다듬어서 '선비학'을 우리나라의 정체성으로 진흥시키는 대대적인 노력이 필요한 것이다.

선비정신이 우리나라 고유의 독창적인 민족정신이라는 말의 근거는 다음의 역사적 사실에서 발견할 수 있다.

즉 옛조선 시대의 신선도와 국자랑, 단군조선의 건국이념인 홍익인간, 이화세계, 성통광명에서 발전하여 고구려의 조의도(을지문덕, 양만춘, 연개소문 등 배출), 백제의 수사도(왕인, 계백 등 배출), 신라의 화랑도(장보고, 김유신, 김춘추 등 배출), 고려의 풍류도(정몽주, 최영, 이성계 등 배출), 그리고 이러한 면면히 흘러온 토착적 민족정신이 조선의 선비사상에 결집되어 그대로 녹아들어 있는 것이다.

조선 선비의 오현五賢으로 알려진 조광조, 이황, 이이, 김장생, 송시열 등을 비롯하여 19세기 조선 사상사의 3대 선비로 일컬어진 정약용, 최한기, 최제우 등은 독보적인 사상으로 선비정신의 구현을 만방에 떨친 거장들이다.

우리나라의 민족정신이며 한국인의 정체성을 고스란히 간직하고 있는 선비정신은, 우리나라의 사회적 지도층은 물론 인류의 안녕과 평화를 기원하는 세계적 지도층이 모두 배우고 익혀서 인류의 '공동선의 실현'을 할 수 있는 그날까지 계속하여 지녀야 할 이 시대의 참된 '글로벌 리더십'인 것이다.

선비는 '나'보다 '우리'를 소중히 생각하였다.

선비는 '우리'보다 '공동체'를 더 소중히 생각하였다.

선비의 목표는 '공공복지', '공공이익', '공공번영'에 있었다.

우리나라의 모든 공직자와 경영자 그리고 사회적 지도자(리더)가 다시 한 번 우리의 선조들이 독창적으로 일구어 놓은 선비정신을 몸에 익혀 그것을 모든 생각, 모든 말, 모든 행동의 뿌리로 삼을 수 있을 때, 우리나라는 문화 대국으로 세계에 일류 인재를 배출하는 인재 육성의 본고장이 될 수 있을 것이다.

'한 마리의 양이 이끄는 아흔아홉 마리의 사자 떼보다 한 마리의 사자가 이끄는 아흔아홉 마리 양 떼가 훨씬 강력하다.'고 하는 말은 리더십을 설명해 주는 서양의 속담이다.

이러한 속담이 생겨난 서양의 리더십을 역사적으로 고찰해 보면, 리더는 힘을 가진 자를 상징하였고 리더십은 강제성을 동반하였다.

서양의 리더는 '남과 다른 사람'으로서 권위주의적이었다.

리더는 명령형이고, 일방형이고, 통제형이었다. 그러므로 리더 이외에는 모두 복종자, 추종자가 되어야 했다.

그러나 선비정신에서 발견하는 리더는 '남과 같은 사람'으로서의 인간주의적인 것이었다.

선비는 동료 중 누구나 리더가 될 수 있다는 기회의 평등의식을 가지고 있었다.

리더는 암시형이고, 쌍방형이고, 교육형이었다. 리더 이외의 사람은 모두 협력자, 봉사자가 될 수 있었다. 리더는 융합의 상징이었고 리더십은 자발성의 발현이었다.

리더의 목적을 달성하는 방법도 다르다.

권위주의형 리더십은 동원할 수 있는 모든 수단을 다 동원해서 목적을 달성한다.

그러므로 '수단형'이다. 때문에 목적이 수단에 함몰해 버리는 실패를 자초해도 개의치 않는다.

그러나 선비정신이 가지고 있는 인간주의형 리더십은 '덕성형'이다.

인화에 저촉되는 수단을 강구하지 않는다. 수단이 목적을 함몰시킬 수 없다.

서양문화의 본질은 한마디로 표현하면 군사 문화이다. 즉 칼의 문화이다.

동양에서 서구 문화를 제일 먼저 받아들인 일본 문화도 칼의 문화이다.

일본은 처음부터 칼로서 지배하는 나라였다.

따라서 리더는 힘의 상징이고 힘은 능력의 상징이었다.

그러나 선비정신은 힘보다 덕을 소중하게 생각했다. 덕은 능력의 근본이라 생각했다.

따라서 리더는 칼을 쓰는 무사형이 아니라 붓을 쓰는 문사형이었고, 덕에 의하여 능력이 갖추어지는 것을 리더십이라고 생각했다.

선비정신이 가져다주는 '나도 리더가 될 수 있다.'라는 생각은 우리 민족의 향학심을 불 질렀고 창조성을 가진 교육열이 요원의 불길처럼 번질 수 있었다.

우리는 모두가 리더(지도자)가 될 수 있다.

동시에 우리는 모두가 폴러(협력자)가 될 수 있다.

선비리더십은 '한 마리 양이 이끄는 아흔아홉 마리의 사자 떼'를 만드는 리더십이다.

선비리더십은 스스로 자신의 인격을 도야하여 다른 사람을 더 강력한 사람으로 만들어 내는 진정한 리더십이다.

선비리더십은 '한국형 토종 리더십'이다.

선비리더십은 세계에 보편화될 수 있는 인류의 최고 가치를 목표로 하는 '한국형 글로벌 리더십'이다.

선비리더십의 핵심은 균형, 조화, 융합이다

'알바트로스'라는 새는 우리나라 말로 '나그네 새'라고도 한다.

골프에서 티샷을 한 공이 그대로 홀에 들어가면 '홀인원'이라고 한다. 골프를 좋아하는 사람은 누구나 평생에 한 번쯤 파 스리의 숏 홀에서 홀인원을 경험하는 행운을 기대한다.

그러나 이보다 더 경험하기 어려운 행운이 알바트로스를 보는 것이다. 알바트로스를 본다는 것은 말 그대로 하늘의 별 따기이다. 파 파이브의 롱 홀에서 두 번 만에 홀 아웃을 해야 하기 때문이다.

알바트로스는 조강 슴새목에 속하는 새로, 10kg 내외의 무게에 날갯짓을 하지 않고 바람을 이용하여 3,200㎞ 거리를 비행한다.

이에 비하여 벌새는 초당 60~120회씩 날갯짓을 하며, 갈 수 있는 거리는 최대 800㎞에 불과하다. 날갯짓을 아무리 빨리 해도 날갯짓 없이 그냥 바람을 이용하는 알바트로스를 따라오지 못한다.

알바트로스가 날갯짓 없이 그 먼 거리를 날 수 있는 비결은 무엇일까?

그 답은 균형이다.

선비정신이 중용적 인성을 강조한 것은 삶과 일의 균형을 구하기 위함이었다.

모든 사물이나 생물에 있어 가장 중요한 것이 균형이다.

즉 밸런스이다.

건강은 한마디로 모든 면의 균형이다.

따라서 균형은 생존의 조건인 것이다.

사람이 자전거를 처음 탈 때 배워야 하는 기본 기술은 균형을 잡는 기술이다.

균형을 잡아주는 것이 자전거가 쓰러지지 않고 앞으로 전진하게 하는 첫 번째 기술이다.

이 기술은 약 150년 전 라이트 형제가 비행기를 발명하는 데 결정적 역할을 하였다.

처음에 비행기 발명가들은 자동차에 날개를 달면 비행기가 되는 줄로 알고 있었다.

자동차는 네 바퀴로 굴러가므로 이미 균형이 잡혀 있는 상태이다. 거기에 새와 같은 날개만 있으면 비행이 가능하다고 생각했던 것이다.

그러나 자전거는 두 바퀴이다.

두 바퀴인 자전거가 굴러가려면 그 밸런스를 컨트롤할 수 있는 핸들과 페달 장치가 있어야 한다. 이 점이 네 바퀴로 굴러가는 자동차와 다른 점이다.

라이트 형제는 여기에 착안하였다.

그들은 몸체도 작고 자전거와 같은 핸들과 페달이 달린 '프라이어호'를 만들어 지상에서 이륙을 하고 공중에서 비행하는 물체의 좌우 균형을 잡아주는 데 성공했다.

비행기를 만들어 내려고 수많은 사람이 노력을 하고 많은 자본이 투입되었지만 모두 실패하고, 결국 라이트 형제는 성공의 행운을 잡아냈던 것이다.

새처럼 공중을 비행하기 위해, 자동차에 날개를 달아서 하늘에 띄울 생각을 하는 사람과 자전거와 같이 핸들과 페달을 달고 균형을 잡아 하늘을 날아가겠다고 생각하는 사람의 차이점을 우리는 분명히 발견할 수 있다.

알바트로스는 자신의 몸을 바람에 맡기고 균형을 잘 잡고 있었다. 날개는 핸들이고 발은 페달이었다. 거기에는 오직 밸런스 기술이 있었다.

선비정신이 말하는 중용적 인성의 강조는 『논어』의 중용中庸에서 기인한다. 불경의 중도中道, 『주역』의 중정中正, 『도덕경』의 귀유貴柔도 중용과 같은 사상을 강조했다.

선비는 삶과 앎의 일치를 구현하기 위하여 새로운 유토피아를 꿈꿔 왔다.

선비는 지식 집단이고 지식 기반 사회를 만드는 지식 게릴라들이었다.

선비는 잘 사는 법을 찾으려고 동고동락同苦同樂을 일삼았고, 더불어 같이 잘 사는 사회를 건설하기 위하여 지식 공동체를 만들고자 하였다.

지식 공동체야말로 현대에 살고 있는 우리들이 행복하게 살 수 있는 최상의 프로그램일 것이다.

제일 조건은 스스로 행복해지는 것이다.

스스로 행복하지 않다면, 어떻게 다른 사람을 위한 행복의 비전을 제시할 수 있겠는가?

하물며 지역사회를 구제하고 세상을 평안하게 할 수 있겠는가?

행복의 제일 조건은 건강이다.

나의 건강이 없이는 가정의 건강도 없다.

가정의 건강 없이는 이웃의 건강도 없고 사회의 건강도 없다.

건강한 나는 건강한 사회의 근본이다.

선비는 어떻게 건강한 삶을 추구하였는지 다음 장에서 살펴보기로 하자.

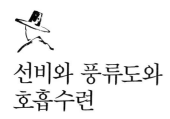

선비와 풍류도와
호흡수련

'선비'라고 하는 단어에는 멋이 있고, 향기가 있고, 기품이 풍긴다.

은은한 묵향처럼 꼿꼿한 지조가 묻어나는 매력과 신비감을 느낄 수 있다.

한국인 하면 떠오르는 단어 중에 '풍류'가 있다.

풍류를 알면 한국인이요, 모르면 비한국인으로 분류해도 좋을 것이다.

풍류는 풍류도風流道의 본질을 말한다.

우리나라 사람들의 타고난 슬기, 지혜, 해학, 기지, 풍자의 멋은 풍류에 근원을 두고 있다.

우리 민족은 세계 어느 민족에서도 볼 수 없는 마음과 마음을 이어주는 심정문화心情文化를 가지고 있다.

내 마음이 아닌 다른 사람의 마음을 알아주고, 다른 사람의 마음을 읽을 수 있는 마음의 나눔이 있다.

이런 마음이 바로 열린 마음의 근원이다.

한국인에게 풍류를 처음으로 인식시킨 사람은 신라시대 당대 최고의 문장가로 이름을 떨친 최치원崔致遠이다.

『삼국사기』「신라본기」 난랑비서鸞郎碑序를 보면 그는 풍류도를 설명하며 '우리나라에는 유·불·도교 사상을 능가하는 고유의 현묘한 도玄妙之道가 있었는데 그것을 일컬어 '풍류'라고 하였으니, 이는 삼교三敎의 근원이요, 선사仙史에 상비하였으며, 실로 삼교를 포함하고 금생을 접화한 것이다. 뿐만 아니라, 들어가면 집안에 효孝하고, 밖에 나오면 나라에 충忠하였으며, 무위無爲한 일에 대하여 불언不言의 교를 행하였고, 제악諸惡을 짓지 않고 제선諸善을 봉행하였도다.'라고 기록했다고 전해진다.

풍류는 우리나라 선도의 호흡수련, 정신수련, 무예수련의 원형에도 녹아 있고, 고구려의 조의도(선의도), 백제의 수사도(무사도), 신라의 화랑도(신선도), 고려의 풍류도의 근본이 되었으며, 조선의 선비정신의 맥락에도 면면히 살아 있다.

선비는 풍류도를 통하여 호흡수련을 하였는데, 이는 오늘날의 명상수련과 비슷하다.

호흡수련의 철학적 원리는 인체를 소우주로 이해하는 데서 출발한다.

즉, 인체는 소우주이고 천지의 축소판이라는 것이다. 천지는 음양의 지극함이고, 일월은 광명의 지극함이고, 오행은 만물의 지극함이고, 호흡은 생사의 지극함이다. 숨을 쉬면 살고, 숨이 멎으면 죽는다.

호흡은 마음을 싣는 파도이다. 파도가 거칠면 아무것도 비출 수 없으나, 파도가 고요해져서 명경지수가 되면 삼라만상이 비치게 된다. 인간이면 누구나 스스로 갖추고 있는 소우주로서의 명덕을 스스로 깨우칠 수 있다.

선비는 중용의 도, 즉 균형을 유지하고 바로 잡기 위하여 필요할 때마다 호흡수련을 하였다.

중용의 도에서는 병의 원인을 치우침에 있다고 본다. 따라서 병의 치료는 균형을 찾아주고 균형을 맞추는 노력이 대부분이었다. 선비가 생각하는 이상형은 병이 없는 사람, 심신이 건강한 사람, 즉 균형이 갖추어진 사람이었다.

우리가 살아가는 데 가장 원하는 것이 무엇인가? 그것은 건강이다

병이란 무엇인가? 내가 병이라고 느끼면 그것은 병이다.

병은 삶의 동반자이다. 살면서 아프지 않은 삶을 살 수 없기 때문이다.

어느 부위가 아프다는 것은 몸이 의식에 보내는 신호이다. 오장육부의 불균형을 알려주는 신호이다.

우리 몸에 필요한 영양소의 불균형을 알려주고, 호흡계, 순환계, 소화계, 근육계, 골격계, 신경계 등 신진대사의 불균형을 알려주는 신호이다.

사람은 자연치유력을 소유하고 있다. 그 자연치유력이 한계에 부딪힐 때 우리의 몸이 우리의 의식에 보내는 신호가 바로 병이다. 그러므로 이러한 병을 그냥 두면 사람의 균형체계를 무너뜨린다.

의사는 신호(병의 증상)를 분석하는 사람이다. 외상이 없는 모든 병

은 내부에서 진행된다. 자연치유의 한계를 벗어나면 질병의 증상으로 나타난다. 그러므로 모든 병은 진단이 제일 중요하다.

선비는 스스로 자신의 건강을 진단하고 치우치기 쉬운 몸의 균형을 바로 잡기 위하여 호흡수련을 일상화하였다.

호흡수련을 하면 기감氣感이 발달한다.

세계에서 기감이 가장 발달한 민족은 우리나라 사람이다.

침을 잘 놓고, 활쏘기를 잘 하는 민족 역시 우리나라 사람이다.

침의 원조는 우리나라이다.

중국은『황제내경』의「소문」편을 중시하여 이론 중심의 '음양오행론'이 발전한 반면, 우리나라는『황제내경』의「영추」편을 중시하여 기 중심의 '정·기·신 3위일체론'이 발전하였다. 정·기·신 의학은『동의보감』첫 쪽에 실려 있기도 하다.

기의 실체는 무엇인가?

생명의 실체는 무엇인가?

생명은 분명히 있는데 실체는 무엇인가?

우주는 쉴 틈 없이 움직인다.

기의 실체를 알면 생명의 실체를 알 수 있다.

기는 힘의 원천이다.

힘의 내용은 밀고 당기는 것의 반복이다.

밀고 당기는 것은 중력이다. 모든 천체는 중력이 있다.

우리가 손쉽게 구할 수 있는 밀고 당기는 힘을 모두 가지고 있는 도구로는 자석이 있다.

자석은 한쪽은 밀고 한쪽은 당긴다.

자석에서 나오는 자기磁氣는 기의 실체이자 생명의 원천이다.

자기작용은 N, S가 일체이다. 전기는 +, -로 분리되지만 자기는 N, S가 분리되지 않는다.

기의 실체는 자기(磁氣)이고, 기의 현상은 에너지이다.

자기는 우주에 가득 차 있다. 자석에서 자기가 나오는 것이 아니라 공간자기의 매체 역할을 하는 것이 자석이다.

공간자기와 생체자기의 교류로 생명은 유지되고, 이 작용이 건강을 유지시켜 준다.

이 교류를 원활하게 해 주는 것이 치료이고, 자연치유 기능을 극대화시켜 주는 것이 치유이다.

모든 병은 자기가 만드는 것이다. 병은 자기가 만들고 다른 사람에게 낫게 해달라고 하는 것이 사람이다. 식물, 동물도 스스로 병을 돌볼 수 있는데 사람은 스스로 돌보지 않는다.

우리의 조상, 특히 우리의 선비가 일상화하였던 중용의 도(균형을 잡는 수련)는 건강한 생활을 영위하는 데 필수적 습관이 되어 왔다.

위에서 살펴본 선비의 건강법은 현대에 살고 있는 우리들에게 옛 선현들의 실례로서 참고할만한 가치를 지니고 있다.

그러면 우리 역사 속의 대표적인 선비 네 분을 선정하여, 그들의 리더십을 다음 장에서 살펴보기로 하자.

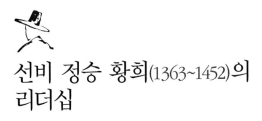

선비 정승 황희(1363~1452)의 리더십

황희는 1363년(고려 공민왕 12년)에 개성에서 출생하였다. 황희의 성장기는 국내적으로는 고려 말기로 공민왕의 실정, 중 신돈辛旽의 방종과 비행, 공민왕의 시해, 이성계의 위화도 회군, 우왕禑王, 창왕昌王의 잇단 폐위, 사회적 혼란과 풍기문란 등으로 다사다난의 극치를 이루고 있었으며, 국제적으로는 원元, 명明 교체기와 더불어 왜구의 해안 침범과 홍건적의 북방 침입 등으로 하루도 잠잠한 날이 없는 격동기였다.

황희는 1376년 우왕 2년 음보로 복안궁녹사福安宮錄事로 있다가 1383년 20세에 생원진사시生員進士試에 합격, 1389년 창왕 1년 26세에 문과文科에 급제하여 그 이듬해인 1390년에 성균관학관成均館學官이 되었다.

황희는 고려 공양왕 때에 벼슬을 시작하여 조선조에 이르기까지 62년간 최장의 관직생활을 기록한 선비였다. 그의 관직생활은 좌천이 두 번, 파직이 세 번, 서인庶人으로 강하되기 한 번, 귀양살이 4년으로 파란만장했다.

황희의 황금기는 세종대왕의 재위기간 중에 있었다. 세종의 발탁으로 황희는 18년간 영의정으로 재임할 수 있었다. 이는 조선왕조 최장의 제2인자 재임기간으로 기록되고 있다.

황희의 인품은 근본이 청렴했다.

그의 청렴함을 나타내는 일화로 영의정으로 재직 시 세종대왕이 황희의 집에 들렀는데, 방바닥에 멍석을 깔고 기거하는 것을 보고 "이 자리는 가려운 데를 긁기에 아주 좋겠다"는 유머로 황희의 검약함을 칭송했다고 한다.

황희의 장남이었던 호안胡安이 이조판서로 재직 중에 새집을 짓고 백관을 초대하여 낙성식을 하였는데, 별로 큰 집을 지은 것이 아니었는데도 황희는 아들의 집안을 한 번 들러보고는 아무 말 없이 돌아가 버렸다는 것이다. 이에 아들은 아버지의 뜻을 짐작하여 새로 지은 집을 다른 이에게 주어버리고 자신은 그보다 못한 집에서 기거하였다고 한다.

황희는 말없이 행동으로 솔선수범을 보이는 선비였다.

관리(공직에 있는 공무원)는 백성의 어려움을 잊으려는 속성이 농후하기 때문에 스스로 너무 호의호식함을 경계해야 하고 백성들과 고락을 같이하려는 태도를 몸소 실천해야 한다고 강조했다.

'공직이 바로 서야 나라가 바로 선다.'는 말은 왕조에서나 현대 국가에서나 변할 수 없는 공직자의 좌우명임을 일깨워 준다.

황희는 자신에게 엄격하고 타인에게 너그러웠다.

어느 날 대궐에서 퇴청하여 집안으로 들어서는데, 마당에서 종들 간에 말다툼을 하고 있는 것을 목격하고, 황희가 종 둘의 이야기를 각각 들어보더니 "둘 다 옳다." 하는 것을 본 부인이 "사물에는 일시 일비(一是一非: 하나는 옳고 하나는 그르다)가 있는 법인데 양쪽 다 옳다고 하시면 어쩝니까?"라고 하니 "부인 말씀도 옳소." 했다는 일화는 유명하다.

대세에 지장이 없는 일에는 시비를 가리지 않고 관용하고 포용하는 그의 관홍寬弘한 대인의 모습이 역력히 나타나는 일화이다.

황희는 과감한 결단력과 불의에 대항하는 용기 있는 선비였다.

황희는 평소에는 무골호인인 것처럼 온화한 인품으로 사물을 대하였지만, 옳지 않다고 믿는 일에는 왕명에 대해서도 과감히 시정을 요구하는 강직한 성품의 소유자였다.

1416년(태종 16년)에 양녕대군을 두호斗護하다가 좌천되었고, 1418년에는 충녕대군(나중에 세종대왕이 됨)을 세자로 책봉하는 것을 극력 반대하다가 관직을 박탈당했다. 훗날 태종은 항직감언伉直甘言한 황희의 심경을 이해하여 1422년(세종 4년)에 세종에게 황희를 다시 등용할 것을 권유하였고, 세종은 이를 흔쾌히 받아 들였다. 자신이 왕이 되는 것에 반대한 황희를 이해하고 등용시킨 세종 또한 뛰어난 리더십의 소유자였다. 세종의 리더십에 대해서는 다른 장에서 살펴보기로 한다.

황희는 대인관계의 달인이었다.

그는 원만한 인품으로 사람을 한 번 신뢰하면 끝까지 신뢰의 관계를 유지하였고, 사람의 재능을 발굴하는 인재육성에 주력하였다. 황희의 인재 발굴 능력은 실로 다방면에 걸쳐 있었다.

황희는 초기에 외직에 전전하면서 궁궐 밖에 버려져 있는 다양한 인재를 많이 만났는데, 그가 지신사(비서실장)가 된 다음에는 편 가르기에 쏠리지 않고, 오직 필요한 사람을 능력 본위로 천거하였다.

조선의 예제禮制를 정비하여 오례의五禮儀를 편찬한 허조許稠, 야인 토벌에 공을 세운 최윤덕崔潤德, 물시계를 만든 장영실蔣英實 등을 추천한 것도 황희였다.

황희는 "인재가 길에 버려져 있는 것은 나라 다스리는 사람의 수치"라고 말했다. 그는 성품이 바르고 뛰어난 능력이 있는 사람을 신분과 지위를 가리지 않고 뽑아 올렸으며, 또한 그는 "능력 있는 인재는 자주 바꾸지 않아 나라와 국정을 안정시켰다."는 사관의 평가를 받았다.

황희는 그 자신이 청빈한 재상이었기에 세종 중반기의 국정 핵심과제였던 세제개혁 때 대다수 관료의 동참과 지지를 받으며 새로운 세제가 안착될 수 있도록 정책을 견인할 수 있었다. 그의 국왕에 대한 비판적 자세와 청빈재상의 이미지가 없었다면 반대파 대신들 때문에 세제개혁은 이루어내지 못했을 것이다.

황희는 문제의 핵심 파악 능력이 특출했다. 그는 아무리 복잡한 사안이라도 그 핵심을 파악해서 간명하게 정리해내는 재주를 가지고 있었다. 이 때문에 태종은 단 하루 이틀만이라도 그를 보지 못하면 답답해했다고 한다.

그의 탁월한 사태 파악 능력은 아무리 꼬인 사태에서도 요점을 정리하여 일목요연하게 핵심을 찌르고 정곡을 찔렀던 것이다. "황희의 말대로 하라."고 한 태종의 말이 왕조실록에 자주 기록되어 있는 것만 봐도 그의 핵심 파악 능력은 비범한 것이었다.

황희는 사명의식과 책임정신의 소유자였다.

황희는 나라의 온갖 일을, 그것이 잘 되든 잘못 되든 자신의 책임으로 여겼다. 그는 국정을 수행함에 있어서 가장 중요한 것은 '책임정신으로 일관된 자세'라고 강조하였다.

황희는 국왕과 신료 사이를 오가며 폭 넓은 의사소통을 꾀하고 대립과 갈등을 해소하는 '중용의 정치'를 지켜나가는 데 힘을 기울였다. 더구나 자기와 생각이 다르고 주장이 다른 사람이라 할지라도 그 차이점을 인정하였고 그것이 국가에 도움이 되는 일이라면 기꺼이 자기 생각을 전환시키는 용기를 발휘하였다.

또한 그는 일평생 부모를 지극히 봉양한 효자였다.

그는 아침저녁으로 날마다 관복을 입고 혼정신성昏定晨省을 하였다.

혼정신성이란, 자식이 저녁에 부모의 이부자리를 펴 드리고, 아침에 부모의 잠자리를 돌아보는 일을 말한다.

또한 손수 맛있는 음식을 갖추어 부모를 봉양하였을 뿐만 아니라, 한 번도 부모의 뜻을 거역함이 없었다고 한다.

마지막으로 황희는 시서詩書에 능한 선비였다. 그의 시 한 수를 감상해 보면서 황희 편을 마친다.

시

경포대 맑은 물에 초승달이 잠기고

(澄澄鏡浦涵新月 정정경포함신월)

높고 높은 한송정엔 푸른 연기 끼었구나

(落落寒松鎖碧煙 낙낙한송쇄벽연)

아침안개 땅에 자욱하고 대나무는 경포대에 가득하니

(雲錦滿地臺滿竹 운금만지대만죽)

이 티끌세상에도 역시 해중의 선경이 있구나

(塵寰亦有海中仙 진환역유해중선)

방촌집(尨村集: 방촌은 황희의 아호임)에 나오는 80대 중반의 황희의 풍모風貌는 '홍안백발 망지약신선紅顏白髮望之若神山'이라고 묘사된다. 즉 '얼굴은 불그스레하고 머리는 하얗게 흰 것이 바라봄에 살아있는 신선과 같도다.'라는 말이다.

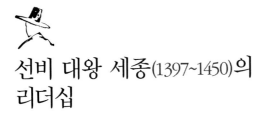

선비 대왕 세종(1397~1450)의 리더십

세종은 국민(백성)을 사랑한 왕이었다.

세종은 왕자 시절에 너무 독서에 열중한 나머지 병을 얻었을 정도로 지독한 독서광이자 공부벌레였다는 기록이 있다. 그는 독서를 통하여 경전이 전하는 핵심을 파악하고 그것을 체득하고자 노력하였다.

오늘날 지구촌의 모든 나라에서 민주주의를 말하고 '국민을 위한 정부, 국민에 의한 정부, 국민의 정부'를 외치고 있듯이, 조선왕조에서도 임금들에게 '백성을 위하여' 정치를 실현하고자 하는 '위민' 사상은 아무리 강조해도 부족했다.

그러나 국가정치에서 위민은 단순한 수사학에 그치는 이데올로기적 표현에 불과하였고 구체적 실천이 뒤따르지 않았다.

수많은 조선의 국왕들 중에서도 세종은 '백성을 위하여, 백성에 의한, 백성의 정책'을 수립하고 실현시키는 정치야말로, 진정한 '위민'의 정치라고 생각하였다.

세종은 조선왕조에서 처음으로 팀워크의 중요성을 인식하고 팀워크를 살리는 리더십을 발휘하였다.

당대 최상급의 금속활자와 해시계 제작, 세계 최초의 우량계 발명, 기동성과 화력이 뛰어난 조립식 총통완구의 개발, 백성을 위한 생활 밀착형 정책개발, 국가의 싱크탱크 역할을 한 집현전의 확립, 한글의 발명 등은 훌륭한 팀워크가 만들어 낸 사례들이다.

특히 국가 창업기의 어수선함을 안착시키고 법과 제도에 따라 국정이 운영되도록 하기 위해 서 그 이전까지 이름뿐이던 집현전을 대폭 정비하여 젊은 학자들을 충원하고 연구와 토론을 위한 상설기구로 발전시켰다. 그리고는 이들에게 우리나라와 중국의 고전을 연구하고 외국의 사례를 비교·연구해 조선에 적절한 법 제도를 마련토록 독려하였다.

세종은 '중국의 법을 그냥 가져오지 말고 조선의 실정에 맞는 제도를 만들어야 한다.'고 지시했다.

세종이 즉위한 이듬해의 어전회의에서 세종은 '임금이 자잘한 일에까지 관여해 신하의 할 일까지 하려고 해서는 안 되며, 신료의 말 한 마디 착오 때문에 대신을 욕보여서는 안 된다.'고 하면서 일상적인 정사를 대신들에게 대폭 위임해 주면서 능력 있는 관료들에게 일을 맡길 때 국가가 번영할 수 있다는 집현전 학자들의 주장에 힘을 실어 주었다.

세종은 모든 일을 팀워크로 수립하고 집행해 나갔다.

집현전은 국왕에게 필요한 정제된 지식과 당면한 정책과제를 풀어 나갈 정치적 전략을 적시에 제고하는 싱크탱크 역할을 담당하였고,

첨사원詹事院 제도를 두어 국정의 상당 부분이 세자와 의정부 신하들에게 위임될 수 있도록 하였다. 그리하여 세종 자신은 한글 창제 등 핵심 국책사업에 주력할 수 있었던 것이다. 우리나라의 정치사에서 팀워크 하면 세종대왕을 먼저 생각하지 않을 수 없다.

세종은 격물치지의 리더십을 발휘하였다.

격물치지는 과학적 자세와 태도로 사물을 이해하고 처리하여 지식기반을 닦는 것을 말한다.

세종 원년(1417년)에 태종은 왕위를 넘기면서 정부 살림의 출납 허위를 방지하기 위해 감합법勘合法을 도입했다. 감합법이란 서류의 위조를 방지하기 위해 좌우 대조 확인을 하게 하는 제도를 말한다. 이것은 출납 책임자의 사인과 인장만을 사용하였던 기존 방식에 덧붙인 시책이었다. 세종은 감합제도에 다시 중기重記제도를 도입하였다. 중기란 복식부기의 필수 요건으로 동일 사항을 두 번 기입하는 것을 말한다. 이후 정부의 각종 부정부패 행위는 중기제도에 걸려 적발되었다. 제용감(왕실 물자를 관리하는 관청)의 회계부정은 이로써 적발되었고, 중기를 하지 않고 나라의 곡식을 빼돌리다가 적발된 지방 관리들이 죄를 받게 되었다.

이렇게 나라의 회계제도를 통해 국가경영의 주요 기틀을 세운 세종의 '투명회계' 사상은 청백리의 청렴사상에서 나온 것이다. 세종 시대에 훌륭한 청백리들이 많이 배출된 것은 세종의 격물치지 리더십이 만들어 낸 결과이다.

세종은 투명회계로 문치를 강조하면서도 문약에 빠지지 않았고,

청렴을 강조하면서도 풍요를 누릴 수 있는 태평성대를 맞이할 수 있었다.

15세기에 벌써 투명회계를 도입하였으니 18세기에 미국이 건국과정에서 도입한 투명회계 시스템보다 3세기나 빠른 것이다.

초기 미국 정부의 지도자인 조지 워싱턴, 벤저민 프랭클린, 토머스 제퍼슨 등은 모두 투명회계를 강조한 사람들이다. 당시 미국은 청교도의 노동윤리에 기초해 부를 창출하는 시스템을 도입하였고 그 결과로 정직과 성실을 요구하는 투명 회계체계를 만들었던 것이다.

또 하나 세종은 조선왕조에 국가 경영 기법으로 '통계 제도'를 도입했다.

통계(Statistics)라는 단어는 그 어원적 의미에 국가(State)와 기술(Technique)이 내포되어 있기 때문에 그 말 자체가 국가경영기술이다.

현대 국가경영에서 통계는 빼 놓을 수 없는 필수 요소이다.

세종실록에 나오는 지리지의 내용은 전국의 군, 현 단위의 가구 수와 인구 수, 경지면적, 논과 밭의 비율 등 오늘날의 국세조사와 유사한 내용의 통계로 이루어져 있다. 이러한 통계는 이를 만들어 내는 회계체계가 뒷받침돼 있었기에 가능했다. 이러한 회계체계가 15세기에 조선에서는 세종의 리더십으로 구체화되었던 것이다.

회계용어가 중국에 없는 순수한 우리의 이두문자(소리글자와 뜻글자의 결합체)로 정립되어 있는 것을 보면 세종시대의 회계체계는 중국의 본을 뜬 것이 아니라 우리의 학자들이 창안해 낸 우리 고유의 것임이 입증된다. 예를 들어 장부와 어긋나는 부정행위를 지칭하는 용어는 '

번질反作'이었다. 감쪽같이 속이는 부정행위를 지칭할 때 쓰는 이 용어가 오늘날에도 사용된다. 또한 재고조사는 '번고反庫'라고 하였고, 돈이나 물건을 빌려갈 때는 '색갈이改色'한다고 하였고, 남에게 채무를 질 때는 '빚色'이라고 불렀다.

합리적이고 과학적인 투명회계와 국가통계를 마련한 세종의 리더십은 오늘날 과학시대와 통계시대를 살고 있는 우리들에게 새로운 귀감으로 빛나고 있다.

세종은 성의정심의 리더십을 발휘하였다.

세종은 일을 할 때에 정심에 바탕을 두고 성의 있는 실행을 강조하였다. 집현전 학자들에게는 물론 의정부 신료들에게 정책을 세우고 집행할 때에는 백성의 입장에서 깊이 생각하고 백성을 위하여 여러 번 의논하고 중앙과 지방에 고루고루 백성의 여론을 듣도록 정사를 이끌었다. '백성을 위한' 정책이 아니면 정책이 아니라고 하는 세종의 정책관은 그의 끊임없는 배움에서 나온 것이다.

세종은 수많은 경전을 읽으며 왕자 수업을 착실히 받았다. 그가 옆에 두고 늘 가까이 한 고전은 『논어』, 『맹자』, 『대학』, 『중용』, 『효경』, 『자치통감강목』 등이었다. 세종이 32년간 조선왕조에서 탄탄하게 내실 있는 국가 경영을 할 수 있었던 것은 고전 읽기에서 통치의 핵심을 체득하고, 정치 현실에 대한 세심한 관찰을 통하여 백성을 위하는 방법을 연구하여 체득한 뛰어난 지혜에 있었다. 그리고 무엇보다 그 자신의 내면에 성의정심의 씨앗이 뿌리를 내리고 있었기에 가능했던 것이다.

세종은 솔선수범과 소통의 리더십을 발휘하였다.

왕위에 즉위하던 해, 세종은 "내가 궁중에서 나고 궁중에서 자랐으므로, 민생의 세세한 것을 다 알지 못한다."고 고백하였다. 그리하여 백성의 고통을 몸소 체험하기 위하여 세종 7년 가뭄이 극심한 때 벼농사 상황을 직접 살펴보기 위해 도성 밖으로 나갔다.

세종은 일산(왕실용 햇빛 가리개)과 부채를 쓰지 않았다. 벼가 잘 되지 못한 곳을 보면 반드시 멈추어 농부에게 까닭을 물었고, 점심을 먹지 않고 돌아온 일도 있었다. 노심초사를 생활화한 군주이기도 했다. 가뭄을 걱정하여 10여 일을 앉아서 밤을 새운 일도 있었다.

당시 백성을 가장 괴롭힌 것은 굶주림, 질병, 형옥 그리고 관리들의 수탈과 노역이었다. 이에 세종은 사회적 약자들에 대한 숨은 보살핌을 하는 데 앞장섰다.

약자들을 배려한 대표적 사례가 약노 사건이었다. 약노는 옥산 여자로 주문을 외워서 살인을 했다는 죄목으로 옥에 갇혔다. 그러나 형조에서는 10년 동안이나 그 진위를 밝혀내지 못하고 약노를 옥에 가두어 두기만 했다. 이를 안 세종이 사람이 주문으로 살인한다는 것은 '이치에 맞지 않는다.'며 좌부승지 정분을 파견해 진상을 조사하도록 했고, 마침내 고문과 태장을 견디다 못해 거짓 자복을 했다는 약노의 진술을 받아 내고 10년 동안 절망의 끝에 있던 약한 여인의 생명을 구원했다.

세종은 약한 백성에게는 관용과 포용의 리더십을 발휘하였다.

토지 소송에서 억울한 일을 당한 조원이라는 사람이 "임금이 착하지 못해 이 같은 나쁜 수령을 임용했다."는 말을 허위로 유포했다. 당시의 법으로는 참형감이었다. 감형을 한다 해도 곤장 100대, 유배 3년에 해당하는 난언죄에 해당했다. 그러나 세종은 "무지한 백성의 말이니 다시 묻지 말라."고 형조의 중형 건의를 제어했다.

무지하고 약한 일반 백성에게는 관대했지만 백성의 안위를 어지럽히는 일에는 용서가 없었다. 대표적 사례로 세종 26년 경기감사 이선이 기민 구제를 소홀히 하고 있다는 보고를 받자 그를 직접 불러 문책했다. 세종의 호통은 엄했다. "나는 백성들의 원성을 사는 일에는 비록 가까운 족친이라 하더라도 오히려 용서하지 않았으니, 만약에 한 사람이라도 백성이 굶어 죽는 일이 있으면 결코 경을 용서하지 않겠다."라고 엄명을 내렸다.

세종 8년에는 그의 둘째 형인 효령대군 집에 사는 종들이 대군의 권세를 믿고 가까운 절에 가서 식량과 땅을 빼앗자 종들에게는 장형을 가하고, 해당 지역의 관리는 즉시 파면하기도 했다.

세종 12년 최유원이라는 사람이 자신의 노비를 때려죽이자, 세종은 "노비도 사람인데 사적인 형벌로 죽인 것은 사람의 인덕(仁德)에 심히 어긋나므로 처벌하지 않을 수 없다."고 했다.

또 관가의 노비가 아이를 낳고 7일 만에 다시 일을 시작하는 것을 불쌍히 여겨 100일을 더 쉬도록 했으며, 산기가 임박한 임산부는 한 달을 미리 쉬도록 했고 그 임산부의 남편까지 한 달 쉬게 한 적도 있다.

세종은 "천재지변은 인력으로 할 수 없는 것이 있지만, 배포와 조치를 잘하고 못하는 것은 사람의 힘으로 다 할 수 있는 것"이라고 말하였다. 천재天災보다 오히려 공직을 담당하고 있는 공직자의 인재人災가 더 많은 오늘날에도 그대로 적용될 수 있는 말이다.

세종은 '생각의 혁명'으로 제도를 개혁하는 리더십을 발휘하였다. 그는 경전과 역사서 그 자체를 진리의 보루로 절대화하지 않았다. 물론 경전과 역사서에 대한 독서와 이해를 바탕으로 정치적 필요성에 따라 통치의 도구로 사용하였지만, 오히려 재해석을 통한 새로운 선례를 모색하는 데 게을리하지 않았다.

대표적 사례로 들 수 있는 것이 수령육기제守令六期制의 도입과 제도화 과정이다.

수령이라는 지위는 군주의 뜻을 백성에게 펴고, 백성의 생각을 위로 전달하는 관절과 같은 위상을 갖는다. 당시 고려시대와 조선초기의 수령 임기는 3년이었다.

세종은 수령의 임기가 너무 짧다고 하였다. 수령이 지방에 부임하여 그 지역의 사정을 알만 하면 떠나게 되어, 새로 온 수령은 언제나 그 지방 아전들에게 휘둘리다가 제대로 된 정책을 펴 보지도 못하게 된다고 생각했기 때문이었다.

지방 수령 임기 6년제는 세종의 독단적 결정에 의하여 추진되었다. 그러나 생각을 바꾸지 않으려는 관료들의 이해가 부족한 것이 문제가 되었다. 당시 한양과 지방 간에는 현격한 문화적 차이가 가로 놓여 있었다. 지방은 단순히 한양과 떨어져 있는 곳이 아니라 미개한 야만의 땅이라는 서민적 이미지가 있었다. 그래서 양반은 한양을 벗어나려 하지 않았다. 3년이면 잠시 다녀오는 기분이지만 6년이면 완전히 야만의 땅에서 촌놈 신세가 되어 버리는 형국이었다. 유능한 인재일수록 지방을 꺼리게 되고 지방에 오래 있게 되면 승진에 지장이 있다는 불안감을 떨쳐 버리지 못하였기 때문에 그들의 저항은 강하였고 지속적이었다.

신료들은 6년 임기제의 비판과 거부의 이유로 경전과 역사서에 그 근거가 없다고 떠들었다. 왕조국가에서 전통은 경전과 더불어 그 정통성과 정당성이 인정된다. 때문에 경전에 없다는 것은 근본적인 비판의 대상이 되었다.

세종은 신료의 반대가 사적인 이해관계와 개인적 불편을 의식한 탓이라고 확신하였다. 그래서 신료들의 반대를 설득하기 위하여 이 문제를 '공익 대 사익'의 차원으로 몰고 가는 생각의 개혁을 단행했다. 공익 대 사익의 대결 구도는 맹자로부터 비롯되어 온 경학적 태도이다. 세종은 이러한 새로운 사상적 구도를 형성하고 그것을 장악하는 능력을 발휘하였다.

드디어 6년 임기제를 반대하고 비판해 온 신료들은 공익을 무시하고 사익을 추구하는 모리배로 몰리는 형국이 되었다. 이로써 지방 수령의 6년 임기제는 반대파를 제압하고 완전히 제도화되어 조선 후기까지 정착되었다.

이렇게 세종은 개혁을 결단할 때에는 현실세계에 중심을 놓고 과거에 매몰되는 것을 경계하였다. 그는 미래를 내다보며 주체적이고 능동적이고 전향적인 자세를 견지하였다. 또한 국가 경영 프로젝트에는 백성과의 직접소통이 반드시 필요하다는 민주정치적 리더십을 발휘하였다.

세종의 치세 목표는 중화문물에 버금가는 '조선문화의 창달'에 있었다. 조선을 문명국가로 발전시키기 위해서는 백성의 풍속이 올바로 잡히고 백성의 품위가 향상되어야 한다고 생각했다.

그런데 풍속은 날로 흉포해져 범죄가 늘어나고 급기야 아들이 아버지를 죽이는 엽기 범죄까지 생겼다. 아무리 풍속을 바로 잡는 예방법을 만들어도 그것을 백성들이 잘 알고 이해하지 못하면 범죄 예방에 아무런 효과가 없다. 한문과 이두로 된 법조문은 내용을 알기 어렵고, 그림을 그려서 행실의 모범을 보여주는 것도 한계가 있었다.

이에 세종은 백성들이 알기 쉽게 배울 수 있고 우리 구강구조에 맞는 조선의 문자가 필요하다고 생각했다. 그 당시 조선에서 이적夷狄으로 업신여기고 있던 여진, 몽고, 티베트, 일본 등이 모두 자신들의 문자를 지니고 있다는 사실은 세종에게 큰 충격을 주었다.

세종은 자신이 구상한 국가경영 프로그램을 백성들이 빨리 이해하고 그 필요성을 인식하는 데 훈민정음이야말로 직접적 소통수단이 된다고 확신하였다. 훈민정음은 결과적으로 국가의 명령체계를 아래로 전달하기 쉽게 함으로써 통치의 효율성을 증가시키는 데 기여하였다.

그러나 훈민정음 창제 당시에는 세종은 비밀리에 작업을 추진하였다. 왜냐하면 신하들이 중국과의 사대 관계를 들어 반대할 것을 예견했기 때문이다. 실제로 신하들은 조선이 문자를 따로 가지는 것은 결국 이적과 같아지려는 것이라고 비판하며 반대 논리를 폈다. 이에 세종은 이적들도 지니는 문자를 우리가 지니지 못하는 것은 문화국가로서의 민족적 자긍심이 훼손당하는 것이라고 반박했다.

세종은 훈민정음 사업을 세자와 소수의 근신만으로 비밀리에 수행했다. 오늘날의 테스크포스 팀을 구성했던 것이다. 이들이 바로 성삼문, 신숙주, 이개, 이선로, 박팽년, 최항 등이다.

이들은 한글이 창제되기 1년 전인 1442년 겨울(세종 24년) 임금에게 특별휴가를 받아 복정산에서 함께 과업을 수행했다. 이들에게 창제 1년 전에 임무를 부여했다는 것은 세종이 이미 사전에 스스로 초안을 구상하고 있었음을 말해 준다.

한글창제를 선후하여 세종은 세자와 안평대군, 진안대군으로 하여금 이들을 물심양면으로 지원하게 했다. 이러한 비밀작업은 이 작업에서 소외된 세력의 저항을 불러일으켰지만, 세종은 자신의 정책 수행에 대한 비판을 정공법으로 타개하는 리더십을 보여줬다. 그는 나라의 경영은 백성과 뜻이 통해야 하고, 나라의 정책은 백성을 위한 것이어야 한다는 명분과 실용성을 근거로 반대자들을 논박했다.

세종의 정치 리더십의 핵심은 명분만 내세우는 수사적 선동정치나 책략적 인기정치가 아니었다. 정책 수행에 대한 저항에는 오직 더 좋은 대안을 내세우게 하여 실력으로만 승부하게 하였다

최만리의 반대상소에 대한 세종의 대답을 보면 "설총이 이두를 제작한 본뜻은 백성을 편리하게 하려 함이 아니하겠는가. 너희들이 설총은 옳다 하면서 내가 하는 일이 그르다고 하는 것은 무슨 이유인가? 네가 운서韻書를 아느냐? 사성칠음四聲七音에 자모字母가 몇 개나

있는지 아는가? 만일 내가 운서를 바로잡지 않는다면 누가 바로잡을 것인가?"라고 하면서 고금운회 등 중국의 음운서를 들어 반박하고 있는 것을 볼 수 있다.

세종은 철저함과 치밀함에서 항상 신하들을 압도하였고 솔선수범 하였다. 이런 군주 밑에 있는 신하들은 실력을 연마하지 않을 수 없었을 것이다.

세종은 훈민정음 창제를 통한 문화국가의 수립과 농업, 천문, 관개 등의 창의적 발명을 통한 과학국가의 수립에 큰 공헌을 이룬 임금이다. 그리고 또 하나 왕도와 패도의 요소를 절묘하게 배합하는 정치적 리더십에서도 큰 족적을 남겼다.

"제왕의 도道는 백성을 편안하게 하는 데 있다. 민생을 구휼하여 풍평지치豊平之治를 이루겠다."고 하는 그의 통치 포부에서 우리는 세종의 확고한 정치적 자신감을 엿볼 수 있다.

세종은 한마디로 왕패병용王覇並用의 통치술을 조선에서 실험한 군주였다.

그는 왕도의 본체와 패도의 활용을 결합한 중도中道의 통치술을 구사하였다.

역사서에서는 난세亂世의 군주는 패도를 구사하고, 태평세太平世의 군주는 왕도를 주로 구사한다고 전해진다. 세종의 시기는 조선의 소강세小康世에 해당한다. 역사의 도도한 흐름 속에는 난세와 태평세보다는 소강세가 많다는 것을 볼 때, 왕도와 패도를 겸한 중도의 통치술은 최고의 정치술로 평가할 만하다.

19세기 말엽 동양 3국에서는 서양 열강의 침략에 대응하기 위하여, 중국은 중체서용中體西用을, 일본에서는 화혼양재和魂洋才를, 조선에서는 동도서기東道西器라는 왕패병용의 정치술이 등장했다. 왕패병용의 통치술은 실사구시實事求是에 그 사상적 기초를 두고 있다.

세종은 덕치德治와 법치法治를 병용하여 구사하는 덕법상보德法相輔를 택했다.

덕법상보의 정치는 공자에서 비롯된다. 공자는『논어』의「자로」편에서 "예악禮樂이 일어나지 못하면 형벌이 형평을 잃고, 형벌이 형평을 잃으면 백성들이 몸을 의탁할 곳이 없게 된다."고 말하였다. 덕치로서의 예악과 법치로서의 형벌이 상호조화를 이뤄야 한다는 것이 공자의 주장이다. 아무리 뛰어난 성인일지라도 덕치만으로는 나라를 다스릴 수는 없지만, 형벌권의 행사에는 신중을 기해야 한다는 것이다.

덕으로 다스릴 수 없게 되었을 때 형벌을 쓰지 않는다면 나라의 기강은 무너져 버린다. 따라서 법치가 전적으로 배제된 덕치는 사실 덕치로서의 가치를 가지지 못하고, 국가기강을 무너뜨리는 통치의 포기를 초래한다. 형벌권이 제때에, 제대로 이뤄지지 않을 경우, 나라의 윤리강상은 허물어지고 국가의 기강은 사라져 버린다. 오늘날 모든 국가에서 법치를 통치의 기본 축으로 하고 있는 이유도 여기에 있다.

세종이 치세 중에 보인 덕법상보와 왕패병용은 그의 독특한 인성관에서 나왔다고 볼 수 있다. 그는 맹자의 '성선설'만 맹신하지 않고 인성人性에는 처음부터 악이 섞여 있다는 순자의 '성악설' 입장도 취했던 것이다.

세종 18년 11월 7일 기록에는 세종이 했던 말이 나와 있다.

"대체로 중간 이하의 사람들은 착하게 될 수도 있고 악하게 될 수도 있다. 여울의 물과 같이 동쪽을 터뜨려 놓으면 동쪽으로 흐르고, 서쪽을 터뜨려 놓으면 서쪽으로 흐르는 것과 같다. 다만 아주 어리석은 사람의 기질은 변하지 아니하므로 비록 성인과 함께 기거하더라도 또한 어찌할 수 없다."

세종은 이러한 인성관을 가지고 죽을 때까지 인격의 개인적 수양인 수신修身을 게을리하지 않았다. 수신은 군주의 소임인 치평治平을 가능하게 하는 기초라고 생각하였던 것이다.

세종은 생각의 혁명을 시도해 나간 선비 중의 선비였다.

원래 길은 없다.

사람이 걸으니 길이 생긴다.

보이는 길만이 길이 아니다.

새 걸음이 시작되고, 다른 사람이 걷고, 그 다음 사람이 걷고, 그러면 길이 생긴다.

길 뿐인가?

꿈도 그렇고, 희망도 그렇고, 믿음도 그렇고, 도전도 그렇다.

첫 꿈이, 첫 희망이, 첫 믿음이, 첫 도전이 세상을 바꾼다.

생각의 혁명이 사람을 바꾸고, 사람은 세상을 바꾼다.

그리고 교육은 생각을 바꾼다.

역사를 통하여 세종만큼 자신의 교육에 힘쓴 인물은 드물다.

세종은 경전과 사학 공부에 높은 비중을 두었다. 이는 실사구시와 부민富民을 이루기 위한 것이었다.

세종 7년 12월 10일, 세종은 지방 현감들을 인견하는 자리에서 이렇게 당부하였다.

"이제 들으니 가뭄으로 각 고을에 식량이 떨어진 백성이 꽤 많다고 한다. 지금은 의식衣食이 부족하니 어느 겨를에 예의를 차릴 수 있겠느냐? 의식이 넉넉하면 백성들이 예의를 알게 되어 자연히 형벌에서 멀어지는 법이다. 그대들은 나의 지극한 마음을 본받아 목민牧民에 진력토록 하라."

또 세종 6년 10월 15일에 선포한 내용에 이런 것도 있다.

"천지의 마음은 오로지 만물을 생육하는 데 있고, 제왕의 도는 백성을 편안히 기르는 데 있다. 아아, 하늘의 마음을 받들어서 왕도를 행하고, 두루 변함없는 인仁을 베풀고, 제왕의 가르침을 펴서 민생을 구휼하여 영원히 풍요하고 태평한 정치를 이루고자 한다."

세종은 백성의 배가 부르지 않는 왕도와 패도는 속 빈 강정이라고 말하였던 것이다.

세종은 민부民富, 즉 백성의 부 없이는 나라의 예도와 법도가 지켜지지 않는다는 것을 일깨워 주었다. 이는 맹자의 '무항산無恒産이면 무항심無恒心'이란 말과 맥락을 같이 한다. 즉 아무리 좋은 이념이라 할지라도 배고픈 사람에게는 통하지 않는다는 말이고, 배가 고프면 평안한 마음을 가질 수 없다는 의미이다. 맹자는 정치의 근본 목적은 백성을 잘 먹이고, 편안한 삶을 살게 하는 데 있다고 천명하였다.

공자는 정치를 하는 지도자에게 중요한 세 가지가 무엇이냐는 제자의 질문에 국가구성의 삼요소로 족식(足食: 백성을 배부르게 먹이는 일), 족병(足兵: 나라를 튼튼하게 방어하는 일), 민신(民信: 백성의 신뢰를 얻는 일)을 말했다. 그리고 앞의 세 가지 요소 중에서 한 가지를 버려야 한다면 '족병'을 버리고, 두 가지를 버려야 한다면 '족병', '족식'을 버리겠지만, '민신'만은 절대 버릴 수 없다고 대답했다. 오늘날의 용어로 '족식'은 경제력이고, '족병'은 군사력이고, '민신'은 문화력이다.

만약 세종에게 한 가지만 선택하라고 요구했다면 세종도 주저 없이 문화력을 선택했을 것이다. 세종은 백성의 신뢰를 가장 소중하게 생각했던 군주였기 때문이다.

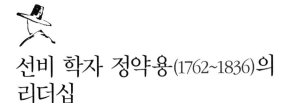

선비 학자 정약용(1762~1836)의 리더십

다산茶山 정약용은 조선 후기 실학을 집대성한 대학자이다.

정약용은 1762년 영조 38년 경기도 남양주에서 태어났다.

16세에 실학자인 이익(1681~1763)의 학문을 접하면서 민생을 위한 경세치용經世致用에 뜻을 두었고, 당시의 서학西學에도 깊은 관심을 기울였던 학자이다.

경세치용이란 '학문은 세상을 다스리는 데 실익을 증진하는 것이어야 한다.'는 유학의 주장으로 유형원, 이익, 이벽, 이가환, 이승훈 등 조선 후기 실학파들이 주자학적 공리공담空理空談을 비판하고 중국식 봉건제도의 각종 폐해를 바로잡기 위한 사회개혁안을 제시한 것을 말한다.

사상적으로 정약용은 이러한 경세치용적 실학사상을 계승하였고, 여기에 더하여 영·정조 이후 청의 학술과 문물을 배우려 한 북학파의 이용후생利用厚生 사상을 자신의 것으로 받아들였다.

이용후생이란 편리한 기구들을 잘 이용해 살림에 부족함이 없게 하고자 하는 과학적 사고방식을 말한다.

정약용의 사상은 육경사서 등 경전 주석에 나타나는 경학체계와 일표이서一表二書에 나타나는 『경세유표』, 『목민심서』, 『흠흠신서』의 실학체계로 나뉜다. 정약용은 서학의 과학적 사고를 수용해 객관적 사실에 대한 분석적이고 실증적인 방법을 통해 실용의 목적을 추구해야 한다고 주장했다.

그의 저서인 일표이서에는 정약용의 정치, 경제, 사회 사상이 녹아 있다.

『경세유표』에는 국가경영에 관련된 모든 제도와 법규에 대해 기준이 될 만한 내용을 담았다.

『목민심서』에서는 목민관인 지방 관리들이 부임 때부터 물러날 때까지 지켜야 할 윤리강령을 담아 타락하고 부패하기 쉬운 목민관의 정신적 자세를 바로 잡으려 했다.

『흠흠신서』는 『경세유표』와 『목민심서』 중 형옥에 관한 부분을 다시 보완하기 위해 집필한 것이다.

정약용은 민본주의적 사상을 펼쳤는데, 자신의 논문인 「원목」과 「탕론」에서 나라의 주권 자체는 백성인 대중에게 있고, 대중에 의한 통치자의 교체는 정당하다고 주장하였다.

정약용은 1789년 정조 13년 문과에 급제한 뒤 벼슬길에 올라 여러 관직을 거쳤으며, 규장각의 편찬사업에 참여해 많은 업적을 남겼고, 정조 16년에는 거중기(무거운 물건을 들어 올리는 데 사용하던 재래식 기계)를 직접 고안해 수원 화성을 축조하는 데 크게 기여하였다.

1794년 그가 33세 되던 때에는 경기도 암행어사로 나가 연천현감 서용보를 파직시키는 등 크게 활약을 하였다. 이때 그는 지방을 순찰하며 농촌의 궁핍함과 지방 관리의 부패 실상을 낱낱이 목격했고, 뒷날 농민을 위한 정치·경제 개혁안을 마련하는 학문적 기틀을 닦았던 것이다.

정약용은 조선의 다른 선비들처럼 모함을 받고 유배되었다가 재등용 되는 과정을 몇 번이나 거쳤다.

대표적인 사례로 1801년 순조 1년에 일어난 신유사옥(천주교 박해 사건)에 연루되어 경상도 장기로 유배된 것을 들 수 있다. 그리고 같은 해 '황사영 백서사건'으로 천주교 탄압이 더욱 심해지자 전라도 강진으로 유배지가 바뀌었다. 황사영 백서사건은 황사영(1775~1801)이 신유사옥의 전말과 천주교 박해에 관한 내용을 비단에 적어 청나라 베이징에 있던 프랑스 주교에게 보내려다 발각된 사건이다. 이렇게 정약용은 강진에서 18년간 귀양살이를 하게 된다.

정약용은 유배지에서 백성의 생활을 개선하기 위한 학문 연구와 저술에만 전념했다. 석방되어 귀향한 뒤에도 여생을 요직 저술에 몰두해 503권의 저서를 남겼다. 그러면서 17세기 후반에 싹튼 조선의 실학사상을 집대성해, 주자학에서 벗어난 조선의 독자적인 학문으로 체계화시키기에 이르렀던 것이다.

필자는 정약용의 학문적 연구 성과를 살펴보는 일은 피하려고 한다. 그에 대한 많은 연구가 진행되고 있기 때문이다. 그래서 정약용이 강진에서 긴 유배 생활을 하는 동안 두 아들과 꼬박꼬박 주고받은 편지를 통하여 보여준 그의 자식 교육에 관한 특출한 사랑에 관하여 주목하고자 한다.

정약용의 각별한 가족사랑은 자식을 꾸짖기도 하고 자상하게 타이르기도 하면서 인간으로 서 지켜야 할 덕목을 감명 깊게 일러주는 모습에서 발견할 수 있다.

정약용은 아들뿐만 아니라 제자들과도 편지를 나눴다. 그는 편지를 통하여 자신의 학문적 주장을 제자들에게 펴고, 제자들이 실학사상과 이용후생사상을 계승하도록 자극을 주었다.

정약용이 자식들에게 쓴 편지에는 그의 박학한 학식과 양심적 성품이 그대로 드러나 있다. 자식들이 아버지의 귀양살이를 풀어주려고 권력자들에게 접근하자 이를 안 그는 편지에서 아들들을 서릿발 같은 말로 꾸짖는다.

정약용은 편지를 통하여 아들들에게 많은 가르침을 주려고 애썼다. 무엇보다 그가 강조한 것은 '가족의 화목'과 '어버이에 대한 효'였다.

자식교육을 등한시하고 폭력을 가하거나 자식을 귀찮다고 길거리에 내팽개치는 부모가 있는가 하면, 용돈을 주지 않는다고 부모를 때리고 재산을 빼앗기 위해 부모를 살해하는 일까지 서슴지 않는 오늘날 우리 사회상을 돌이켜 볼 때, 그의 자식사랑과 효 사상(가족사랑)은 귀감이 되고도 남는다.

최근 이름만 전해 내려오던 정약용의 하피첩(귀양지에서 아내의 명주치마를 잘라 쓴 글)이 200여 년 만에 발견되었다. 부인이 시집올 때 가져온 붉은 명주치마에 쓴 가계(家戒: 집안의 가르침)는 그의 가족사랑을 대표하는 유산이다. 하피첩에 실린 그의 가르침 몇 개를 살펴보자.

하피첩에 부쳐

병든 아내가 헤진 치마를 보내 왔네
천 리 먼 길 애틋한 정을 담았네
흘러간 세월에 붉은 빛 다 바래서
만년에 서글픔을 가눌 수 없구나
마름질로 작은 서첩을 만들어
아들을 일깨우는 글을 적는다
부디 어버이 마음을 잘 헤아려
평생토록 가슴에 새기려무나

(1)
하늘이나 사람에게 부끄러운 짓을 저지르지 않는다면 자연히
마음이 넓어지고 몸이 안정되어 호연지기가 우러나온다.

(2)
전체적으로 완전해도 구멍 하나만 새면 깨진 항아리이듯이,
모든 말을 다 미덥게 하다가 한마디만 거짓말을 해도 도깨비처
럼 되니 늘 말을 조심하라.

(3)

근(勤: 부지런함)과 검(儉: 검소함), 두 글자는 좋은 말이나 기름진 땅보다 나은 것이니, 일생 동안 써도 다 닳지 않을 것이다.

(4)

흉년이 들어 하늘을 원망하는 사람이 있다. 굶어 죽는 사람은 대체로 게으르다. 하늘은 게으른 사람에게 벌을 내려 죽인다.

위의 글에서 볼 수 있듯이, 정약용이 아들들에게 보낸 편지에는 따뜻한 사랑과 엄격한 가르침이 가득하다. 그는 학문, 효도, 제물, 음식, 생명, 생존에 이르기까지 세심하게 충고했다.

또한 공리공론의 명분보다 실리와 실용의 현실을 더 중요하게 여겼다.

정약용의 두 아들은 학연(1783~1859)과 학유(1786~1855)이다. 대학자였던 아버지의 명성에 가려있었지만 그들 역시 학자이자 선비로서 활발하게 활동했다. 둘째인 학연은 '농가월령가'의 저자이기도 하다.

정약용의 아내는 유배지에 있는 남편에게 부부의 정을 기억해 달라는 뜻으로 시집올 때 가져온 치마를 보냈고, 그는 아내의 치마에 아들을 위한 가계家戒를 써서 보냈으니, 아내에 대한 사랑과 자녀에 대한 애정은 애틋함을 넘어서 사랑으로 가득 차 있었다.

정약용은 부끄러움이 없는 삶을 최고의 가치로 여기고, 그러한 삶을 살기 위해 근검과 배려를 실천한 선비 학자이다.

18년간의 유배 생활에서 풀려 고향인 마재로 돌아와 지내고 있던 다산 정약용, 옛 제자이며 다산 초당의 주인이었던 윤규로의 아들 둘이 멀리 전라도에서 한강 상류에 있는 그의 집으로 찾아 왔다. 이때 다산과 아들 둘이 주고받은 이야기를 기념으로 써 준 것이 '다산 제생문답'이다.

안부의 인사가 끝나자 다산이 물었다.

"금년에 동암(東庵: 다산이 저술하며 살던 집)의 지붕을 이었느냐?"

"네, 이었습니다."

"복숭아나무는 혹 시들지 않았느냐?"

"아주 잘 자라고 있습니다."

"우물가에 쌓아 놓은 돌들은 무너지지는 않았느냐?"

"무너지지 않았습니다."

"못 속의 잉어 두 마리도 많이 컸겠구나."

"네, 두 자쯤 자랐습니다."

"백련사로 가는 길가에 심은 동백은 모두 무성하게 자라더냐?"

"그렇습니다."

"너희가 올 때 첫물 차를 따서 말려 놓았느냐?"

"미처 말리지 못했습니다."

"다신계茶信契의 돈과 곡식이 혹시 결손이 나지 않았느냐?"

"잘 보존되어 있습니다."

"옛 사람의 말에 죽은 사람이 다시 돌아와도 마음에 부끄러움이 없도록 해야 한다고 했다. 내가 다시 그곳에 갈 수 없음도 또한 죽은 사람이 다시 살아나지 못하는 것과 같다. 그러나 혹시 다시 간다고 하더라도 부끄러운 빛이 없도록 해야 옳을 것이다."

계미년(1823) 초여름 열상노인洌上老人이 기숙과 금계 두 사람에게 써 주노라.

정약용은 1818년 유배에서 풀려난 뒤 다섯 해 만에 찾아온 옛 제자를 앉혀 놓고, 자신이 떠나온 후 다산 초당 주변의 궁금한 일들을 물었다. 그 물음의 내용이 너무나 지순하고 자연과 모든 존재를 사랑하는 내용일 뿐만 아니라, 실학자답게 경제적 가르침을 담고 있으며, 구체적이다.

초가, 지붕, 복숭아, 쌓아 놓은 돌, 잉어, 동백 등의 안부를 일일이 점검하는 것을 보면, 마치 살아 있는 가족에게 보이는 따뜻한 관심과 친히 돌보는 듯한 정 깊은 배려심이 묻어난다. 그에게는 자연이 사람이고 사람이 자연이다.

또한 첫물 차를 따서 말렸느냐는 질문을 보면, 정약용의 항산恒産 의식이 얼마나 투철한 것인지 알 수 있다. 맹자는 항산 없이는 항심이 있을 수 없다고 말했다. 필자는 자본주의 사상이 맹자에서 비롯된다고 생각한다.

항심이란 변하지 않는 마음, 즉 평상심이다. 사람은 평상심을 가져야 한다.

그러나 사람은 배가 고프면 평상심을 가질 수 없다. 먹을 것이 있을 때, 즉 곳간에 양식이 있을 때, 항산이 있을 때, 사람은 항심을 가질 수 있는 것이다.

첫물 차를 실기하지 않고 따서 말려 놓아야 한다는 것은 차 농사를 짓는 사람들에게는 금과옥조이다. 모든 일에는 때가 있는 법이다. 경제적 이익과 성장을 가져오는 일에도 때가 있는 법이다. 정약용은 때를 잃지 않고 생산에 열중해야 한다는 근면성을 일깨워주는 실학 정신을 말하고 있는 것이다.

정약용은 유배지에서 고향에 두고 온 두 아들에게 보내는 편지를 썼다. "남을 도와주는 일에는 온갖 정성을 바쳐야 하지만, 남을 도와주고 도와주었다는 말을 입 밖에 내거나 생색을 내면 그 도움 자체가 무효가 된다."는 엄한 경고를 내려준 일도 있다.

요즘 세상에서는 남에게 도움을 주지도 않으면서 도움을 주었다고 거짓 서류를 만들어 봉사활동 실적에 반영한 내신 성적표를 만들어 대입 성적에 적용하는 학생과 교사들이 있는가 하면 오직 홍보용 비디오나 사진을 만들기 위해 일회용 겉치레로 봉사활동에 참가하는 정치인들이 있다는 보도가 비일비재하다. 기막힌 일이다.

정약용이 아들에게 보낸 편지에는 이런 내용의 글도 있다.

여러 날 밥을 끓이지 못하는 집이 있을 텐데, 너희는 쌀되라도 퍼다가 굶주림을 면하게 해 주고 있는지 모르겠구나. 눈이 쌓여 추위에 떨고 있는 집에는 장작개비라도 나누어주어 따뜻하게 해 주고, 병들어 약을 먹어야 할 집에는 한 푼의 돈이라도 쪼개어 약을 지어주어 일어나도록 도와주고, 가난하고 외로운 노인이 있는 집에는 때때로 찾아가 무릎 꿇고 모시어 따뜻하고 공손한 마음으로 공경해드리고, 근심걱정에 싸여 있는 집에 가서는 얼굴빛을 달리하고 깜짝 놀란 눈빛으로 그 고통을 함께 나누고 잘 처리할 방법을 함께 의논해야 하는 것인데, 잘들 하고 있는지 궁금하구나. …(중략)… 이처럼 남을 도와주는 일에는 소홀함이 없어야 하지만, 만약 나는 저번에 이리저리 해 주었는데 다른 사람들은 그렇지 않구나, 라는 소리를 입 밖에 내뱉지 말아야 한다. 만약 이러한 말이 한 번이라도 입 밖에 나오면 지난날 쌓아놓은 공과 덕이 하루아침에 재가 바람에 날아가듯 사라져버리고 말 것이다.

정약용의 배려, 나눔, 섬김 정신과 타인과 고통을 같이 하려는 희생, 봉사의 정신은 복지국가와 복지 사회를 지향하고 있는 오늘날 우리나라를 비롯한 지구촌의 인간사회에서 모두 본받아야 할 지고지순의 인간주의사상이자 이웃사랑 정신이다.

정약용은 청빈淸貧사상을 실천한 선비이기도 하다.

청빈사상의 '롤 모델' 다산 정약용

다산 정약용은 세계가 평가하는 인물이다.

유네스코는 2012년에 다산을 세계가 기념해야 할 인물로 선정했다. 프랑스 사상가 장 자크 루소, 독일 문학가 헤르만 헤세와 같이 등재된 것이다. 동양에서는 그가 유일하다.

다산은 유학자다. 동시에 탁월한 행정가, 교육자, 역사학자, 수학자, 토목공학자, 기계공학자, 지리학자, 법학자, 의사, 시인, 화가였다. 그는 인문학과 자연과학을 자유롭게 넘나들면서 학문의 통섭과 융합을 실천하며 놀라운 창의력을 발휘했다.

그가 지은 수원 화성은 유네스코 세계문화유산에도 등록됐다. 축성 경험이 전혀 없는 그에게 정조대왕은 '10년 안에 성을 완성하라'는 명을 내렸다. 다산은 수원 화성을 34개월 만에 완성했다. 다산의 치밀한 건축설계와 그가 직접 고안한 거중기 등 첨단 건축장비를 활용한 덕분이었다.

다산은 천연두가 창궐하자 종두법도 고안했다. 임금이 위독할 때 의사로서 두 번이나 궁중으로 불려갔다.

다산은 학문하는 태도 또한 남달랐다.

과학의 기본은 수학, 물리학, 화학, 생물학이다. 다산은 그것을 꿰뚫어 보고 산학서算學署라는 수학연구기관을 정부기구로 설치하자고 주장했다. 공업기술의 정교함이 수학에서 연유한다는 것을 알았던 것이다.

다산은 사서오경이 마음속의 이치라는 것을 버리고 모두 현실 속에서 행동할 수 있는 것으로 바꿨다. 이것이 바로 다산의 실학이다.

다산은 송나라 정자, 주자의 성리학보다 공자, 맹자의 원시유학을 숭모했다. 그는 공자에게서 실학정신을 발견한 것이다.

2천 5백여 년 전 공자는 허학을 배격하고 실학을 중히 여겼다. 공자의 실학정신은 확고부동하다. 공자는 제자가 귀신에 대해 묻자 "미능사인 언능사귀未能事人焉能事鬼"라고 대답했다. '사람도 다 섬기지 못하는데 어찌 귀신을 섬긴단 말인가?'라는 뜻이다.

또 공자는 제자에게 "미지생 언지사未知生焉知死"라고 말했다. '삶도 제대로 모르는데 어찌 죽음을 알겠는가?'라는 뜻이다. 공자는 죽은 뒤의 일을 마치 본 것처럼 신자들에게 주입시켜 시주를 받고 봉헌을 챙기는 종교의 해악을 경계했다.

다산의 실학정신은 공자의 원시유학에 그 뿌리를 두고 있다.

다산이 황해도 곡산부사로 있을 때였다. 고을에 산적 떼가 출몰했다. 다산은 산적 떼를 무작정 소탕하지 않았다. 먼저 민첩한 아전 몇을 산적 소굴로 보냈다. 이들이 왜 산적이 됐고 무엇이 문제인지 파악해 오도록 했다. 결국 산적과 관청의 아전이 연결됐기 때문이라는 보고가 올라왔다. 산적은 요즘으로 치면 조직폭력배다. 조폭이 강력계 형사들과 공생하는 셈이었다. 다산은 산적을 치지 않았다. 산적과 연결된 아전들을 모두 내쳐버렸다. 그러자 산적 문제는 저절로 없어졌다. 나중에 산적 몇을 잡았지만 가서 농사를 지으라며 돌려보냈다. 만약 다산이 산적 소굴만 공격했더라면 근본적인 문제를 풀지 못했을 것이다. 다산은 늘 원리를 먼저 파악하고 이를 현실에 접목했다.

배워서 그것을 때 맞춰 실천하는 기쁨

다산이 평생 놓지 못한 책이 『논어』다. 『논어』의 첫 장 첫 구절에는 '학이시습지불역열호學而時習之不亦悅乎'라는 말이 나온다.

수많은 학자들이 이 부분을 '배우고 때때로 익히니 즐겁지 아니한 가.'로 해설했다. '학'은 배움이고, '습'은 익히는 것이며, '시'는 '때때로'라고 해석한 것이다.

하지만 다산은 달리 해석했다.

'학'은 배움이고 '습'은 실천으로 풀이한 것이다. '습'은 실습, 습관 등에서 볼 때 실행, 실천의 의미가 강하다. '시'는 '시의 적절하다'로 풀이한 것이다. 이에 따라 다산이 해설한 '학이시습지불역열호'는 '배우고 때 맞춰 실천하니 기쁘지 아니한가.'이다.

필자는 다산의 해설이 마음에 와 닿는다.

사람이 배웠으면 행동해야 한다. 사람이 알았으면 실천해야 한다.

배운 것을 때맞춰 알맞게 실천할 때 기쁘기 그지없다.

아무리 공부하고 아무리 배워도 실천하지 않으면 그것은 무의미하다.

배운 것을 삶에서 실천할 때 그것은 기쁨이 된다.

더욱이 배운 것을 때맞춰 실천할 수 있다면 그 이상 무엇을 바라랴?

다산은 자신의 배움을 끊임없이 현실에 대입했다. 그는 배운 것을 실천할 때 그것은 기쁨이 되고 희열이 된다고 보았다. 이것이 다산의 생활철학이고 실학정신이다.

'배우고 때맞춰 실천하니 기쁘지 아니한가.'

이 한 구절을 얻고 나니 기쁘고 즐겁기 한량없다.

다산은 '호연지기浩然之氣'라는 말을 자주 썼다.

호연지기는 높은 산에 올라 함성을 지르는 것이 아니다.

다산은 자신이 배운 것을 실천하는 것, 자신이 아는 것을 행동으로 옮기는 것이 호연지기라고 했다. 오늘을 사는 우리는 모름지기 호연지기를 길러야 할 것이다.

다산이 유배지에서 아들에게 보낸 편지를 살펴보자.

술 마시는 아들에게

네 형이 왔을 때 시험 삼아 술 한 잔을 마시게 했더니 취하지 않더구나. 그래서 동생인 너의 주량은 얼마나 되느냐고 물었더니 너는 네 형보다 배倍도 넘는다 하더구나. 어찌 글공부에는 이 아비의 버릇을 이을 줄 모르고 주량만 아비를 훨씬 넘어서는 거냐? 이거야말로 좋지 못한 소식이구나.

네 외할아버지 절도사공節度使公은 술 일곱 잔을 거뜬히 마셔도 취하지 않으셨지만 평생 동안 술을 입에 가까이 하지 않으셨다. 벼슬을 그만두신 후 늘그막에 세월을 보내실 때에야 비로소 수십 방울 정도 들어갈 조그만 술잔을 하나 만들어놓고 입술만 적시곤 하셨다.

나는 아직까지 술을 많이 마신 적이 없고 내 주량을 알지도 못한다.

벼슬하기 전에 중희당重熙堂에서 세 번 일등을 했던 덕택으로 소주를 옥필통玉筆筒에 가득 따라서 하사하시기에 사양하지 못하고 다 마시면서 혼잣말로 "나는 오늘 죽었구나."라고 했는데 그렇게 심하게 취하지 않았다.

또 춘당대春塘臺에서 임금을 모시고 공부하던 중 맛있는 술을 큰 사발로 하나씩 하사 받았는데, 그때 여러 학사學士들이 곤드레만드레가되어 정신을 잃고 혹 남쪽을 향해 절을 하고 더러는 자리에 누워 뒹굴고 하였지만, 나는 내가 읽을 책을 다 읽어 내 차례를 마칠 때까지 조금도 착오 없게 하였다. 다만 퇴근하였을 때 조금 취기가 있었을 뿐이다.

그랬지만 너희들은 지난날 내가 술을 마실 때 반 잔 이상 마시는 걸본 적이 있느냐?

참으로 술 맛이란 입술을 적시는 데 있다. 소 물을 마시듯 마시는 사람들은 입술이나 혀에는 적시지도 않고 곧장 목구멍에다 탁 털어 넣는데 그들이 무슨 맛을 알겠느냐?

정취는 살짝 취하는 데 있는 것이지, 얼굴빛이 홍당무처럼 붉어지고구토를 해대며 잠에 곯아 떨어져 버린다면 무슨 술 마시는 정취가 있겠느냐?

요컨대 술 마시기 좋아하는 사람들은 병에 걸리기만 하면 폭사暴死하기 쉽다. 주독酒毒이 오장육부에 배어들어가 하루아침에 썩어 뭉크러지면 온몸이 무너지고 만다. 이것이야말로 크게 두려워할 일이다.

나라를 망하게 하며 가정을 파탄시키거나 흉하고 패한 행동은 모두술 때문이었기에 옛날에는 뿔이 달린 술잔을 만들어 조금씩 마시게 하였고 더러 그러한 술잔을 쓰면서도 절주節酒할 수 없었기 때문에 공자께서는 "뿔 달린 술잔이 뿔 달린 술잔 구실을 못하면 뿔 달린 술잔이라 하겠는가!"라고 탄식하셨다.

너처럼 배우지 못하고 식견이 없는 폐족 집안의 사람이 못된 술주정뱅이라는 이름까지 가진다면 앞으로 어떤 등급의 사람이 되겠느냐?

조심하여 절대로 입에 가까이하지 말거라.

제발 이 천애天涯의 애처로운 아비의 말을 따르도록 해라.

술로 인한 병은 등에서도 나고 뇌에서도 나며 치루痔漏가 되기도 하고 황달이 되어 별별 기괴한 병이 발생하니, 한 번 병이 나면 백 가지 약도 효험이 없다.

너에게 바라노니 입에서 딱 끊고 마시지 말도록 해라.

아비의 말을 명심하거라.

다산 초당에서 아비가 보낸다.

이상에서 본 다산의 편지 내용은 술 마시는 아들에게 촌철살인의 훈계를 담고 있다.

청빈사상과 과음은 공존할 수 없는 것이다. 다산은 술이란 목구멍에 털어 넣는 것이 아니라 입술을 적시는 것이라고 설명한다.

참으로 자제심, 인내심, 절제심의 극치를 보여주는 대목이다.

청빈(맑은 가난)이란 더 많이 갖고 싶은 욕망을 스스로 억제하고, 갖지 못한 사람의 처지를 먼저 생각하고, 남이 많이 가지는 것을 시샘하지 않고, 자신에게 불필요한 것을 가지지 않고, 한 푼의 돈이라도 쪼개어 어려운 사람을 돕고, 과도한 물욕으로부터 자유로워지려는 사상이다.

사람은 하나만 필요할 때 하나만 가지면 될 것을, 둘을 가지려고 하는 욕심 때문에 과잉소유와 부의 편재현상이 빚어지게 마련이다. 때문에 넘치는 것은 항상 모자라는 것만 못하다는 격언이 오늘날에도 엄연한 격언으로 살아 있다.

정약용은 청빈사상의 리더십을 발휘한 대학자였다.

우리나라 전통 미풍양속 중에서 가장 높은 가치는 상부상조 정신이라 할 것이다. 그러나 이런 상부상조 정신의 근본이 바로 청빈사상임을 아는 사람은 드물 것이다. 청빈사상은 상부상조 정신의 아버지이고 어머니이다. 청빈사상의 골격은 갖지 못한 사람의 처지를 먼저 생각하고, 한 푼의 돈이라도 쪼개어 어려운 사람을 돕는 것이기 때문이다.

오늘날 우리나라에는 청빈사상의 진정한 뜻을 모르는 사람이 너무 많지만, 그래도 상부상조 정신만은 아직도 우리의 일상생활에 가장 많이 남아 있어 다행이라는 생각이 든다.

결혼축의금, 상사조의금, 축하부조금, 재난기부금 등 다른 사람의 기쁜 일 또는 슬픈 일에 우리는 격의 없이 우리의 작은 정성을 주저 없이 전하는 생활 습관을 가지고 있다.

조선 시대에는 지역사회의 중추적 역할을 하는 대동계 모임이 있었다. 오늘날까지 441년 동안 끊임없이 이어져 오는 대동계의 한 예를 살펴보자.

23일 오전 10시쯤 구림 마을 강수당講修堂이란 이름이 붙은 전통 한옥 안의 상석에 올해 90세의 곽두수 씨가 자리하고, 좌우로 50여 명이 줄지어 앉아 있다. 모두 머리에 검은 건(띠)을 썼고 일부는 한복을 입었다. 한 사람이 "상읍 아뢰오!"라고 외치자 모두 두 손을 맞잡아 얼굴 앞으로 들고 허리를 공손히 구부렸다 펴면서 두 손을 내린다. 이어 한 사람이 계구약인 동헌同憲을 낭독했다. "좋은 일은 서로 권장하고, 잘못은 서로 고쳐 주며, 서로 예의를 지켜 사귀고, 어려움을 당하면 서로 돕는다."는 내용이었다.

오전 11시쯤 간단한 음식과 술상이 들어왔다. 상석의 곽 씨 앞에는 독상이, 나머지 사람 앞에는 두 명이 먹는 겸상이 놓였다. 젊은 사람이 상석 앞에 가 무릎을 꿇고 "상이 다 들어왔습니다."라고 말했고, 곽 씨가 숟가락을 들자 비로소 일제히 식사를 시작했다. …(중략)…

일본에서 학문의 신으로 숭상 받는 왕인 박사의 탄생지이기도 한 영암군 구림 마을에서 조선시대에 조직된 구림 대동계가 441년째 맥을 이어 오고 있다. 구림 대동계는 조선 명종 때인 1565년 주민 자치규약인 향약鄕約으로 시작됐다. …(중략)…

모임은 봄春講信과 여름(복달임), 가을秋講信 등 해마다 세 차례 갖는다. 모임 때마다 음식을 먹고 술을 마시는 것도 예의와 절도를 갖추며, 11개 강목 및 102개 조목으로 이뤄진 동헌을 읽으며 몸과 마음을 가다듬는다. …(중략)…

주요강목은 다음과 같다.

덕업상권德業相勸, 즉 착한 일은 서로 권함이다.

과실상규過失相規, 즉 잘못한 일은 서로 일깨워 줌이다.

예속상교禮俗相交, 즉 예절로서 서로 사귐이다.

환난상휼患難相恤, 즉 어려운 일은 서로 도움이다.

-중앙일보 2006년 4월 24일자 기사 발췌

구림 대동계의 주요강목은 그대로 오늘날 우리 사회가 필요로 하는 공동체의 정신이자, 개인의 인격을 함양하고 대인관계의 진정한 달인이 될 수 있는 선비 본연의 정신이다.

착한 일은 서로 권하고, 잘못한 일은 서로 일깨워 주고, 예절로 서로 사귀고, 어려운 일은 서로 도와주는 사회는 바로 선비가 소망한 이상사회다.

이상사회로 가는 길은 화려한 길도 아니고, 험난한 길도 아니다. 이상사회로 가는 길은 단순하고 소박하고 아름답고 슬기롭다. 이상사회로 가는 길은 어렵지 않고 쉬운 길이다. 이상사회는 서로 권하고, 서로 일깨워 주고, 서로 사귀고, 서로 도와주는 사회다. 이상사회는 공동체의식의 확대와 공동체의식의 실천이 있는 사회다.

우리는 앞에서 아버지의 아들에 대한 사랑과 엄한 가르침의 참다운 표본을 조선시대 정약용의 예에서 살펴보았다. 이번에는 아들의 어머니에 대한 사랑과 자애로운 어머니의 가르침을 받들고 실천한 예를 현대 사회에서 살펴보자.

자식 사랑과 효 사상에 대한 가치관이 혼란한 오늘날, 아들이 어머니를 효심으로 섬기는 사례를 필자는 한국에서 태어나고 미국에서 자란 한국계 혼혈에게서 발견했다.

　　그의 이름은 하인스 워드이다.

　　하인스 워드는 미국 프로 풋볼(NFL) 2006년 최우수선수(MVP)로 뽑혀 대스타가 된 사람이다. 그가 모든 미국인의 선망과 존경을 한 몸에 받는 슈퍼스타로 등극한 뒤, 미국과 한국에서 한 말을 음미해 보면 우리가 일깨워야 하는 효 사상이 무엇인지 가르쳐 주는 훌륭한 귀감이 되고도 남는다는 사실을 알 수 있다.

　　하인스 워드의 몇 가지 어록을 언론보도에서 발췌했다.

　　나의 어머니(김영희 여사)는 내게 많은 영감을 준다. 일이 안 풀릴 때면 어머니를 보고, 어머니도 할 수 있었으니, 나도 할 수 있겠다고 다짐하며 매진했다. 어머니가 미국 사회에서 주위로부터 험담 듣는 것을 원치 않았기 때문에 나는 더 조심했고 더 노력했다. 어머니를 보면 언제나 최선을 다하고자 하는 의욕이 생긴다. 어머니가 나를 자랑스럽게 생각하도록 해 드리고 싶었고 내가 인정받으면 그것이 바로 사람들이 나의 이면에 계시는 어머니의 공로를 인정하는 것이라 생각했다.

　　　　　　　　　　　-MVP로 선발된 뒤 미국 언론과의 인터뷰에서

　　처음 방문한 나를 한국인으로 받아 줘 고맙다. 나는 환대받

으러 온 게 아니라, 한국인으로서의 정체성을 찾고, 한국의 전통과 문화유산을 배우러 왔다. 나의 뿌리에 대해 많이 배워서 가고 싶다. 나는 자라면서 피부색이 다른 혼혈이라는 주변의 멸시를 극복하는 것이 나의 인생에서 가장 힘들었다. 자라면서 한국인의 피가 섞여 있다는 것이 창피했지만, 지금은 오히려 한국과 미국의 전통을 공유할 수 있어 큰 행운이라 생각한다. 어머니는 나의 모든 것이다. 어머니가 자란 곳을 들러보고 내가 태어난 곳을 가보고 한국의 모든 것을 체험하고 싶다.

-한국에 방문한 뒤 첫 인터뷰에서

나는 50%는 한국인, 50%는 미국인으로 살면서 힘들었다. 하지만, 나보다 어머니가 더 많은 어려움을 극복했을 것이다. 한 살짜리 나를 업고 미국으로 건너가 누구의 도움도 없이 열심히 일하며 나를 키워 주신 것 자체가 감동적인 인간 스토리라고 생각한다. 앞으로도 어머니가 늘 나를 자랑스럽게 생각할 수 있도록 열심히 노력하겠다. 어머니는 정말 강한 분이다.

-한국 체재 중 공식 인터뷰에서

어머니는 제게 큰 영감을 주시고 항상 바르게 이끌어 주셨다. 그분이 없었다면, 저는 이 자리에 없었을 것이다.
어머니께서는 나의 MVP이시다.

-조선, 중앙, 동아, 경향, 한겨레 등 일간지 참조

가족사랑, 그 중에서도 고귀한 가치인 효 사상은 인간의 피부색이나 인간이 살고 있는 지역을 뛰어 넘는 보편적인 최고의 가치다.

효의 가치를 잊어버리고 효의 가치가 퇴조하고 있는 우리나라 요즘 세태에서, 미국에서 자란 하인스 워드의 어머니를 섬기고 어머니를 생각하는 말은, 한마디 한마디가 우리의 전통적인 효의 의미를 깊이 되새기게 하고도 남음이 있다.

1852년의 어느 날, 뉴욕 항에서는 미국 대통령을 비롯하여 국무위원, 상원의원 그리고 수많은 시민이 나와 모자를 벗고 조의를 표하는 애도식이 거행되고 있었다. 그날은 미국이 낳은 작사가 존 하워드 페인이 아프리카 알제리에서 사망 후 31년 만에 돌아오던 날이었다. 그가 작사한 노래는 전 세계의 사람들이 애송하는 '즐거운 나의 집'이다.

> 즐거운 곳에서는 날 오라 하여도,
> 내 쉴 곳은 작은 집 내 집뿐이리.
> 내 나라 내 기쁨 길이 쉴 곳도,
> 꽃 피고 새 우는 집 내 집뿐이리

존 하워드 페인은 '즐거운 나의 집'이란 곡을 통하여 이 노래를 부르는 전 세계 사람들에게 가정과 가족, 그리고 내 집의 소중함을 일깨워 주었다.

사람의 모든 일은 가정에서 비롯된다. 가화만사성家和萬事成이라는 옛말은 가정의 중요성을 대변하는 말이다. 가정은 공동생활이 이뤄지는 최소 단위이자 사회생활이 이뤄지는 출발점이다.

가정이 화목하지 못하면, 그 결과로 가족 사이에 오해와 갈등이 초래된다. 가족 사이의 갈등은 그 가족이 머무는 가정의 불행과 파탄을 가져온다. 가정의 파탄은 한 가정의 불행으로 그치지 않고 그 가정이 속해 있는 지역사회의 불행으로 번진다. 따라서 가정의 행복과 가족의 화목은 건강한 지역사회를 만드는 기본 요소이다.

가족이란 가족의 구성요소인 사람에게 초점을 둔 말이고, 가정이란 가족이 공동생활을 하는 최소한의 기본 공간에 초점을 둔 말이다.

가정은 가족 구성원이 주거를 같이 하고 생계를 같이 하는 생활 공동체다. 따라서 가족의 양육, 가족의 부양, 가족의 보호, 가족의 교육, 가족의 성장 발전 등이 이뤄지는 삶의 공동체 공간이다.

전통적으로 가정은 남녀가 부부로 결합하면서 생기는 사회의 최소 단위다. 즉 결혼은 새로운 가정의 탄생을 뜻한다.

가정은 사람의 인격을 형성하는 곳이고, 사람의 행복을 가꾸는 터전이며, 사람의 인덕仁德을 나누는 보금자리다. 또한 가족들이 밖에서 활동하다 돌아오면 휴식과 위로를 통해 재충전할 수 있는 육체적 안식처다. 그리고 사람의 도리와 삶의 지혜를 가르치고 공유하는 정신적 교육장이다.

우리의 전통적인 부모의 모습은 '엄격한 아버지'와 '자애로운 어머니'로 상징되었다. 현대 사회에서는 전통적인 부모의 모습이 많이 달라져 새로운 부모의 모델은 다양하다.

그렇지만 가정에서 부모로부터 받는 가르침은 달라질 수 없고, 가

정의 훈육은 무엇보다 중요한 가치로 남아 있다. 자녀는 모름지기 부모를 보며 부모를 모델로 부모의 역할을 자연스럽게 익혀 나가기 때문이다.

가정은 지역사회를 담당하는 지역 공동제의 기초가 되기도 한다.

정약용은 가족과 가정의 중요성을 다시 한 번 깨우쳐 주는 가족 리더십의 선구자였다.

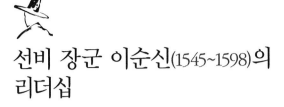

선비 장군 이순신(1545~1598)의 리더십

일본의 전쟁 영웅 도고東鄕는 러일전쟁에서 승리한 해군제독이다. 그는 탁월한 업적을 세워 일본인들에게 가장 존경받는 군인으로 기억되고 있다.

그런 도고 제독이 이순신 장군에 관해 이런 말을 남겼다.

"나는 영국의 넬슨보다 나을지는 모르나, 조선의 이순신보다는 나을 것이 없다. 나는 일본 정부와 국민의 전폭적인 지지를 받고 출정했으나, 이순신은 정부와 국민의 지지는커녕 백의종군하였다. 나는 러시아 함대와 비슷한 규모의 전력을 가졌으나, 이순신은 10%도 안 되는 전력으로 싸웠다. 나는 살아서 돌아와 승리의 영광을 한 몸에 얻었으나, 이순신은 자신의 죽음을 숨기면서까지 장렬한 전사로 승리했다."

이순신은 세계 해군사에 길이 남을 승전보를 보유하고 있다. 23전 23승 선승이란 그의 기록은 불패의 상징으로 영원히 남아 있을 것이다.

이런 불패의 기록을 남긴 이순신은 어떤 리더십을 가지고 있었는가?

이순신은 노심초사勞心焦思, 유비무환有備無患의 리더십을 발휘하였다.

이순신은 임진왜란 발발(1592년 4월 13일)을 하루 앞둔 바로 전날 거북선 건조를 완성하였다.

왜군이 함대를 이끌고 조선에 쳐들어오리라는 소문은 이미 삼척동자도 알고 있었다.

첫 해전은 1592년 5월 7 일의 옥포 해전이었고 승리를 거두었다.

두 번째 해전은 1592년 5월 29일의 사천 해전이었고 역시 거북선 참전으로 승리했다. 당시의 조선 수군이 가지고 있었던 군함은 '판옥선'이었다.

판옥선은 평자형의 안정성 있는 바닥으로 건조하였고, S자형의 나무못을 사용하여 충격에도 나무결이 상하지 않아 해수가 들어오는 것을 방지할 수 있도록 설계되어 있었다. 또한 안정성 있는 바닥은 배의 부양구조를 튼튼히 하여 천자총통(해전용 원거리 대포)을 실을 수 있었다. 그렇기 때문에 이순신은 천자총통을 실은 거북선을 만들 때, 판옥선의 기본 구조를 그대로 활용할 수 있었다.

이와 달리, 당시의 왜군이 가지고 있었던 '아다케安宅'는 배 밑이 좁아 속력은 더 낼 수 있었지만, 구조적으로 견고하지 못하여 원거리를 쏠 수 있는 대포를 실을 수 없었다. 그리고 쇠못의 사용으로 배가 충격을 받으면 유격이 생겨 물이 새는 단점이 있었다.

당시의 군함 건조 기술은 일본보다 조선이 한 수 위였다. 그러나 지상전에서는 조선의 육군은 왜군이 보유한 조총(지상전용 근거리 소총)에 대항할 수 있는 무기가 전혀 준비되지 않았다.

일시에 왜군의 제1진은 평양까지 진격하였고, 제2진은 두만강까지 진격하였다. 지상전에서 조선군이 연전연패를 당하고 있을 때, 이순신이 해전에서 연전연승을 할 수 있었던 것은 전쟁에 투입할 군함의 준비와 이를 활용할 수군을 미리 훈련시켰기 때문이다.

이순신은 실사구시의 현실적 전략과 통찰력의 리더십을 발휘하였다.

이순신은 학익진鶴翼陣과 일자진一字陣을 독창적이고 자유자재로 구축하여서 전술에서 왜군을 제압하였다. 그는 왜군의 후속병력과 보급물자의 차단이 전쟁에서 승리를 가져올 수 있는 요소임을 파악하고, 실제 전투에서 침입군의 후속 병력과 보급물자를 차단하는 전술을 세웠다.

당시 거제 견내량은 조선 해군과 일본 해군이 팽팽하게 대치하였던 군사분계선이었다. 이순신은 학익진으로 적선을 유인하여 대승을 거두었고, 결국 일본군은 후속병력을 상륙시키지 못하여 조선에서 병력을 퇴각시켜야만 하는 난관에 부딪혔던 것이다.

이순신은 아주 작은 가능성이라도 찾아나서는 불굴의 긍정적 리더십을 발휘하였다.

1596년 2월 26일 한양으로 압송되어 투옥된 뒤, 동년 4월 1일 감옥에서 나오자마자 도원수 권율 아래에 백의종군하였고, 1597년 8월 3일 삼도수군통제사로 재임명되어 수군에 복귀하였을 때, 그에게는 판옥선 12척이 전부였다.

이순신은 오직 이길 수 있는 가능성만 찾아 나섰다. 명량은 조류의 흐름이 가장 빠르고 바다 밑은 암초로 가득 차 있었다. 이순신은 적선을 명량으로 유인하여 대승을 거두었다. 제22전의 승리였다.

그 후 이순신의 수군은 23번째를 맞이하여 1598년 11월 19일 노량 해전에서 마지막 대승을 거두었다. 그리고 이순신은 마지막 전투에서 승리를 바라보면서 유탄을 맞고 장렬히 전사하였던 것이다.

이순신이 무적함대를 만들 수 있었던 것은 단순히 그의 애국심이나 남다른 지혜에만 있는 것이 아니다.

이순신은 당시로서는 상상도 할 수 없는 신개념의 수군을 만들어 훈련시켰고, 마침내는 선진적이고 경쟁력 있는 세계 최고의 수군을 만들었던 것이다.

그가 수군들에게 강조한 것은 '아무리 어려운 위기에서도 항상 작은 가능성은 있는 법, 그 가능성을 찾아내고, 그것을 확대시키는 능력과 노력을 투입하라.'는 것이었다. 이순신은 최대의 위기에서도 작은 가능성을 찾아나서는 긍정의 화신이었다.

이순신이 남긴 어록을 보면 그가 어느 정도 긍정적이었는지 잘 나타나 있다.

"집안이 나쁘다고 탓하지 마라."

"좋은 직위가 아니라고 불평하지 마라."

"기회가 주어지지 않는다고 불평하지 마라."

"윗사람이 알아주지 않는다고 불만 갖지 마라."

"자본이 없다고 절망하지 마라."

이순신은 12척의 판옥선으로 왜선 133척과 맞서는 명량 해전을 앞두고, 수군들에게 승리의 의지를 다질 수 있도록 그 유명한 격려 연설을 하였다.

"싸움에 임해 죽고자 하면 반드시 살고, 살고자 하연 반드시 죽는다!"

그리고 그는 노량 해전에서 마지막 유언으로 최후를 장식했다.

"내 죽음을 적에게 알리지 마라."

이순신은 그의 부하들에게 동기부여를 하고, 목적의식을 분명히 갖게 하여, 이를 악물고 상황을 극복하는 데 스스로 다짐을 하도록 하였다. 그는 수군들에게 항상 자신을 섬기고, 남을 자신처럼 섬기는 사람이 되도록 격려하였다.

그리하여 이순신의 수군들은 위기의 상황에서나 즐거운 상황에서나 일심일체의 공동체의식을 가지고 상황에 대처할 수 있었던 것이다.

선비리더십의
핵심 요체

이상에서 우리는 네 사람의 각기 다른 지위와 입장에 있던 선비들이 갖고 있는 '선비리더십'의 요체를 살펴보았다.

정승에서 한 사람, 왕에서 한 사람, 학자에서 한 사람, 장군에서 한 사람을 무작위로 찾아보았다. 이 네 사람의 리더십을 정리해 보면 다음과 같이 요약할 수 있다.

선비 정승 황희

◈ 근검, 청렴의 리더십

◈ 박기, 후인의 리더십

◈ 용기, 결단력의 리더십

◈ 대인관계 달인의 리더십

◈ 문제 핵심 파악의 리더십

◈ 사명의식, 책임정신의 리더십

선비 대왕 세종

- ◆ 사람 본위(이타적)의 리더십
- ◆ 팀워크의 리더십
- ◆ 격물, 치지(과학적 탐구, 지식기반)의 리더십
- ◆ 성의, 정심(열정과 집중, 양심과 원칙)의 리더십
- ◆ 솔선수범과 의사소통의 리더십
- ◆ 관용과 포용의 리더십
- ◆ 생각혁명과 개혁혁신의 리더십
- ◆ 교육훈련과 문화창달의 리더십

선비 학자 정약용

- ◆ 인간주의(주체적) 리더십
- ◆ 화목과 효의 리더십
- ◆ 실사구시와 충의 리더십
- ◆ 관심과 배려의 리더십
- ◆ 나눔과 섬김의 리더십
- ◆ 청빈사상과 상부상조의 리더십

선비 장군 이순신

- ◆ 노심초사와 유비무환의 리더십
- ◆ 통찰력과 비전의 리더십
- ◆ 불굴의 긍정과 도전의 리더십

◆ 동기부여와 목적의식의 리더십

◆ 베풂과 이끎의 리더십

이상에서 선비리더십이 가지고 있는 내면적 의식과 외향적 실행을 정리해 보았다.

리더십이란 다른 말로 표현하면 신뢰성의 구축이라고 말할 수 있다. 신뢰와 믿음이 전제되어야 지도자의 자격을 갖추었다고 할 수 있기 때문이다. 많은 사람의 믿음, 수많은 사람의 신뢰를 한 몸에 받고 있다면, 그 사람은 이미 지도자의 반열에 올라 있는 사람이다.

선비는 신뢰를 생명처럼 여겼다. 선비의 신뢰는 내가 나에게 가지고 있는 신뢰와 남이 나에게 가지고 있는 신뢰와 내가 남에게 가지고 있는 신뢰를 말한다. 그렇기 때문에 조직과 사회를 성공시키는 필수 요소를 '믿을 신信'에 두었던 것이다.

'믿을 수 있는 사람이 되라.' 또는 '믿음을 주는 사람이 되라.'라는 교훈은 선비 부모들이 자식들에게 바라는 일차적 염원이었다.

미국의 저명한 사회학자 프랜시스 후쿠야마는 그의 저서 『트러스트(Trust)』에서 선진사회의 특징을 '신뢰'가 형성되어 있는 사회로 정의했다. 그는 강한 공동체적 연대를 가진 사회는 높은 신뢰사회이며, 공동체적 연대가 무너진 사회는 아주 낮은 신뢰사회로 규정하였다.

제임스 콜먼은 '신뢰는 사회적 자본'이라고 말하기도 했다.

경영자의 리더십을 연구한 미국 코비 리더십 센터의 스티브 코비 박사는 21세기형 리더십이란 '옳은 일을 행하고, 중요한 일을 먼저 하고, 내면에서부터 외면으로 변화를 추진하고, 효율성(Efficiency)보다 효과성(Effectiveness)을 중심으로 일을 하는 것'을 의미한다고 했다. 그리고 조직을 성공시키는 네 가지 리더의 역할을 다음과 같이 제안하고 있다.

첫째, 방향 설정(Path finding)이다. 조직이 진정으로 전달하고자 하는 것과 이해 당사자들이 진정으로 얻고자 하는 것을 연결하는 길을 개척하는 작업이다.

둘째, 한 방향 정렬(Aligning)이다. 조직이 지속적인 성과를 내려면 그에 맞는 구조와 시스템을 갖추어야 한다. 따라서 구조와 시스템을 원하는 목표에 맞춰 정렬할 필요가 있다.

셋째, 기 살리기(Empowering)이다. 최대한 하부에 일을 위임하여 창의성, 재능, 능력을 발휘할 수 있도록 한다.

넷째, 모델 만들기(Modeling)이다. 모든 사람들이 우러러 볼 수 있는 표본을 제시한다. 특히 품성과 역량에 관한 표본은 중요하다. 이 두 가지가 균형 잡혔을 때 다른 사람에 대한 영향력이 커진다.

필자가 집중하고 싶은 사항은 '모델 만들기'이다.

조선의 선비는 자기 자신을 '완전한 표본'으로 만들기 위한 학습과 수행으로 일생을 살았다. 선비는 모든 생각에 대하여, 모든 말에 대하여, 모든 행동에 대하여, 그리고 모든 일에 대하여 스스로 책임지는 '자기책임의식'을 확고히 정립함으로써 타인에 대하여, 조직에 대하여, 사회에 대하여 책임 전가하는 것을 가장 경멸하였다.

오늘날 우리 사회에는 선비의 '내 탓이오' 정신이 없어지고 무슨 일이든 잘못된 일에 대해 모두가 '네 탓, 사회 탓'으로 돌려버리는 풍조가 만연되어 있다. 심지어는 내가 방화하는 것도 사회 탓이고, 내가 사람을 해치고 폭력을 휘두르는 것도 사회 탓이고, 내가 남보다 상대적으로 못 사는 것도 사회 탓으로 돌리고 있다.

자기가 하고 있는 일, 자신이 지금 서 있는 입장, 자신의 현재 삶의 여건은 모두 자신의 탓이라는 자기책임의식을 갖는 것이야말로 민주시민의식의 첫걸음이다. 동시에 이것은 지도자 의식의 기본이다.

이러한 자기 원칙을 체득하여 자기 것으로 만들었을 때, 그리고 그러한 원칙을 실천하였을 때, 그 개인은 다른 사람의 모델이 될 수 있다.

선비의 학습하는 태도는 모든 것은 '나의 책임'이라는 태도에서 나온다.

'무식하다'는 말이 욕이 되는 것이 우리 사회다. 때로는 '무식하다'는 말이 죄가 되는 것도 우리 사회다. 그만큼 '무식'은 우리 민족에게는 '천추의 한'으로 통한다.

그렇기 때문에 우리 민족은 무식하지 않기 위해서 세계에서 유례를 찾아 볼 수 없는 '향학열'을 가지고 있다. 다른 말로 표현하면 우리 민족은 누구나 선비가 되고 싶은 것이다. 적어도 선비는 '무식하지 않은' 사람이기 때문이다.

우리나라 사람처럼 남을 가르치기 좋아하는 사람도 없다. 우리나라는 남을 가르쳐 주고 싶어 하는 선비의 나라이다. 한국인 모두가 선비가 될 수 있는 나라이다. 한국인 모두가 모델이 될 수 있는 나라라는 것이다.

인간은 품성이 올곧아야 한다. 능력은 그다음의 이차적 문제이다. 품성이 올바르지 못한 사람이 능력이 많다면 히틀러, 스탈린 같은 인물이 될 뿐이다.

때문에 선비의 공부는 능력을 최대한 담을 수 있는 '올곧은 성품'을 만드는 것을 필수적으로 여겼다. 여기에 '수신'이 선비교육의 제1장 제1절이 된 이유가 있는 것이다.

그러나 우리의 불행은 우리가 알지 못하는 사이에 '수신, 제가, 치국, 평천하'만 가르치고, 수신의 뿌리 부분(정심, 성의, 치지, 격물)을 가르치지 못한 잘못으로부터 온 것이다.

뿌리가 잘린 나무의 기둥과 잎과 열매가 아무리 좋은 모습을 보여 준다고 해도 얼마나 오래 갈 수 있을까? 집을 지을 때 대들보 없이 기둥을 세우고 서까래를 얹고 지붕을 덮어 버리는 것에 비유할 수 있을 것이다. 그렇게 지은 집이 얼마나 오래 버틸 수 있을까?

우리는 나무의 뿌리 부분인 '정심, 성의, 치지, 격물'을 먼저 가르치고 배워야 할 것이다. 이 부분은 올곧은 성품의 완성을 위해 반드시 체득해야 할 기본 영양소이다. '수신'의 뿌리 부분을 주의 깊고 정성 있게 가르치지 못했기 때문에 선비정신의 계승이 어려웠던 것이다.

이런 교육은 우리의 초등 교육에서 반드시 이루어져야 한다. 굳이 워즈 워드의 말을 빌리지 않더라도 어린이는 어른의 아버지이다. '선비정신 교육'은 어린이 교육의 핵심이고 지도자교육의 근본이다.

선비는 꿈을 가지고 있었다. 공동체의 이상향을 향한 꿈을 가지고 있었다.

꿈이란 씨앗이다. 씨앗은 바위뿐만 아니라 콘크리트를 뚫는다. 씨앗은 그곳이 어디일지라도 사막일지라도 물속일지라도 삐죽이 튀어나온다. 씨앗은 언제나 최강의 존재이고 최상의 존엄이다.

선비는 항상 가슴 깊숙이 꿈을 안고 살았다. 가슴에 심은 꿈은 아무도 뽑아낼 수 없기 때문이다.

선비는 사람으로서의 품격을 유지하기 위하여 올바른 태도와 좋은 습관을 본보기로 삼았다.

작은 일을 할 수 있는 좋은 기회는 빼앗을 수 있어도, 큰일을 할 수 있는 좋은 태도와 습관은 아무도 빼앗을 수 없기 때문이다.

선비의 태도는 의연했고 선비의 습관은 한결같았다.

'자신이 원하지 않는 바를 남에게 강요하지 마라(己所不欲勿施於人).'라는 말은 선비의 태도와 습관을 지배해온 강력한 교훈이다. 선비는 자신이 원하지 않는 바를 남에게 강요하지 않았으며, 자신이 남으로부터 받기 원하는 바를 먼저 남에게 대접하는 것을 미덕으로 여겼다. 이러한 선비정신은 공동체의식의 확대와 자기책임의식의 강화에 밑거름이 되었다.

선비리더십을 창조해 내는 선비 가치관은 첫째 자기책임 중심, 둘째 원리원칙 중심, 셋째 실사구시 중심, 넷째 공동번영 중심에 뿌리를 두고 있었던 것이다.

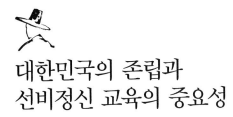

대한민국의 존립과
선비정신 교육의 중요성

한 나라의 역사에는 땀의 역사가 있고 피의 역사가 혼재되어 있다. 나라가 평화시대를 구가했다면 그 시대는 땀의 역사이고, 나라가 전쟁시대의 국난을 맞았다면 그 시대를 피의 역사라고 부르는 것이다.

5천 년의 유구한 역사를 자랑하는 우리나라의 역사는 불행하게도 땀의 역사보다 피의 역사 흔적이 유난히 많다. 그만큼 외침이 끊이지 않았고 천 번이 넘는 외국의 침략으로 우리의 역사는 국난의 극복사라고 이야기할 수 있을 것이다.

그러면 여기에서 우리나라 국난 극복의 중요 연대기를 정리해 보자.

고조선

기원전 109~108년 중국의 한漢나라 무제가 수륙 양면에 걸쳐 침략을 해왔다. 이로 인해 수도 왕검성은 포위되어 1년여를 버티다가 멸망하고 만다.

고구려

244년 위魏나라 유주자사 관구검이 침입해왔다. 유유와 밀유가 용전해 나라를 지켰다.

598년 수隋나라 문제가 30만 대군으로 침입해 왔다가 격퇴당했다.

612년 수나라 양제가 침략해 왔으나(1차) 을지문덕이 살수에서 섬멸했다 (살수대첩).

613년 수나라 양제가 침략해 왔으나(2차) 요동성, 신성을 함락시키지 못하고 결국 철군하였다.

614년 수나라 양제가 침략해 왔으나(3차) 비사성, 평양성 전투에서 격퇴당했다.

645년 당唐나라 태종이 안시성을 침략해 왔으나(1차) 포위된 안시성은 결사항전으로 그들을 격퇴시켰다.

647년 당나라 태종이 침략해 왔으나(2차) 요동성, 박작성 전투에서 격퇴당했다.

661년 당나라 고종이 압록강 국내성까지 쳐들어와 격전을 치렀다.

667~668년 나당연합군의 공격으로 멸망하였다.

백제

660년 나당연합군의 공격으로 멸망하였다.

신라

670~676년 당과 치열한 전투를 벌였다(나당전쟁).

675년 매소성 전투와 676년 기벌포 해전에서 당나라 군사를 격퇴시키고 삼국통일을 완성했다.

고려

993년 거란의 1차 침략이 있었다. 서희가 거란의 장수 소손녕과 담판해 화약을 맺었다.

1010년 거란의 2차 침략이 있었다. 양규가 곽주에서 거란의 군사를 섬멸했다.

1018~1019년 거란의 3차 침략이 있었다. 강감찬이 귀주에서 거란군을 포위, 격멸시켰다(귀주대첩).

1216~1219년 대요수국의 침략이 있었다. 김취려가 제천의 박달재 전투 등지에서 침입군을 격파하였다.

1231~1270년 몽고의 침략으로 몽고와의 40년 전쟁이 계속되었다. 강화도로 천도하는 등의 수모를 겪었다.

1270~1273년 삼별초의 대몽항쟁으로 몽고군을 격퇴시켰다.

1359~1360년 홍건적의 1차 침략으로 서경이 함락되었다가 수복되었다.

1360~1361년 홍건적의 2차 침략으로 개경이 함락되어 공민왕이 복주(지금의 안동)로 피란을 갔다가 수복하였다.

1378~1388년 왜구의 잦은 침략행위로 왜구와의 지루한 전쟁이 계속되었다. 최무선과 이성계가 진포와 운구에서 왜구를 대파하였다.

조선

1510년 왜구의 침략으로 삼포왜란이 일어났다.

1555년 왜구의 침략으로 을묘왜란이 일어났다.

1592~1598년 일본이 열도 통일 후 대군을 이끌고 조선을 침략했다(임진왜란). 7년 동안 이어진 전쟁으로 전국은 초토화되었다. 김시민의 진주대첩, 권율의 행주대첩, 이순신의 한산도대첩 등으로 일본군을 격퇴시켰다.

1627년 후금이 3만의 병력으로 침략하였다(정묘호란).

1636~1637년 청나라 군대가 침략하였다(병자호란). 인조가 삼전도에서 청나라 태종에게 항복하는 수모를 겪었다.

1866년 프랑스 함대가 강화도를 침범하였다(병인양요). 양헌수가 정족산에서 격퇴하였다.

1871년 미국 함대가 강화도를 침범하여 초지진 등을 점령하였다가 물러났다(신미양요).

1875년 일본 함대가 측량을 빙자해 군함 운요雲揚 호를 강화도 앞바다로 출동시켰다. 일본은 초지진의 수비병들이 발포하도록 도발하여 무력으로 조선을 개항시켰다(운요 호 사건).

1885~1887년 영국 함대가 전남 거문도를 침범하여 2년간 점령하였다(거문도 사건).

1895년 일본의 미우라 고로 공사 등이 주동이 되어 명성황후를 시해하고 일본군 세력을 강화시켰다(을미사변).

1895~1910년 일본 군대의 주둔 강화로 전국적으로 항일의병 전쟁이 일
어났다(1895년 을미의병, 1905년 을사의병, 1907년 정미
의병 등).

1910~1945년 일본은 대한제국을 점령하고 36년 간 통치하였다.

이상에서 살펴본 대로 우리나라는 통일국가를 이룬 뒤에도 끊임없
는 외침의 시달림을 받아 왔다.

특히 이웃나라인 중국과 일본의 끊임없는 침략은 고려와 조선의 백
성을 피의 역사 속에 신음하도록 만들었다. 그리고 서세동진西勢東
進의 근세에는 프랑스, 미국, 일본, 영국의 함대에 의한 침범과 위협
속에서 질곡과 억압의 난세를 벗어나지 못했다.

이러한 국난의 연속은 우리에게 무엇을 가르쳐주고 있는가?

21세기를 살고 있는 오늘날의 국제 정세를 살펴볼 때, 위에 열거된
나라들은 모두 우리에게는 매우 중요한 국가들이다. 중국과 일본은
우리의 생활에 많은 영향을 미치는 중요한 국가이고, 미국과 EU 역
시 우리에게 직간접적으로 영향을 미치고 있다.

우리의 역사를 뒤돌아보면 우리의 앞날을 어떻게 대처해나가야 할
것인지에 대한 해답이 나온다.

대한민국은 선비의 나라이다.

선비정신은 책임의식이고 책임의식은 주인의식이다.

주인의식은 하늘에 줄을 대고 있는 본성의식이고 이러한 본성의식
은 지도자의 천명의식이며 이러한 천명의식은 사명감으로 나타난다.

따라서 선비는 자신과 사회에 대한 사명감을 먹고 산다.

필자는 대한민국의 모든 공직자가 선비의식으로 똘똘 뭉쳐야 한다고 믿는다. 모든 공직자가 선비의식으로 다시 태어날 때 대한민국은 바로 설 수 있다.

또한 대학을 졸업하고 사회에 진출하는 신입사원들에게 투철한 선비정신을 갖추기 위한 교육과 훈련이 강화되어야 한다고 생각한다.

대한상공회의소는 서울에 있는 510개 기업을 대상으로 대졸 신입사원이 갖춰야 할 역량의 중요도와 신입사원에게 실제 느끼는 만족도를 비교 조사한 결과가 다음과 같이 나타났다고 발표했다.

기업이 평가한 대졸 신입사원 역량의 중요도와 만족도

구분	중요도	만족도	중요도와 만족도 격차
예절, 성실성 등 기본 인성	4.14	3.34	0.80
주인의식 도전정신 등 적극성	4.09	3.25	0.84
협동성 및 타인 배려 등 팀워크	4.07	3.34	0.73
조직문화 적합성 및 수용능력	3.98	3.33	0.65
실무능력 등 업무 적응력	3.93	3.35	0.57
전공분야 전문지식	3.79	3.34	0.45
컴퓨터 활용 능력	3.70	3.47	0.23
표현력, 문장력 등 커뮤니케이션 능력	3.63	3.26	0.37
시장경제에 대한 인식	3.54	3.19	0.35
외국어 실력 등 국제 감각	3.41	3.25	0.16

자료: 대한상공회의소 2006년 6월 조사/중요도와 만족도는 5점 만점 기준임.

앞의 표를 보면 신입사원들의 외국어와 컴퓨터 능력은 괜찮은데 주인의식, 도전정신 및 예절, 성실성은 부족하다.

기업은 신입사원을 채용할 때 중요하게 고려하는 요소로 예절, 성실성 등 기본 인성 및 주인의식, 도전정신 등 적극적인 태도와 협동성, 타인에 대한 배려 등 팀워크 능력 등을 꼽았다. 하지만 이들 항목에 대해 기업이 신입사원에게 느끼는 만족도는 낮았다. 특히 신입사원들은 주인의식, 도전정신(중요도와 만족도 격차 0.84점)이나 예절, 성실성(격차 0.80점)이 결여되어 있다고 보고 있다.

반면 기업이 중요도를 낮게 본 외국어 실력 등 국제 감각, 시장경제에 대한 인식, 컴퓨터 활용 능력 등에 대한 만족도는 상대적으로 높았다.

또 기업들은 학교 교과 과정이 기업 현실과 동떨어졌다고 보는 것으로 조사됐다. '교육과정이 기업 요구를 잘 반영하고 있는가?'라는 질문에 대해 '그렇지 않다.'는 응답이 전체의 53.4%로 '그렇다.'는 응답(9.0%)보다 6배가량 많았다.

기업은 무엇보다 먼저 기본 인성이 갖추어져 있고 거기에 적극성과 팀워크가 강화되고 진취적이고 적응력이 뛰어난 인재를 요구하고 있는 것이다.

이러한 현상을 보더라도 선비정신의 덕목은 우리 기업, 우리 사회가 모두 원하는 일차적 역량임을 알 수 있다. 앞으로의 대학 교육은 이러한 기본 역량을 더욱 강화하는 방향으로 이루어져야 할 것이다.

아래에서 초등 교육에서의 선비정신 교육의 중요성에 대해서도 한 번 살펴보자.

한국에 오래 살고 있는 외국인들을 대상으로 한 설문조사 결과를 보면 한국인의 가장 큰 장점은 순하고 착하다는 것이다. 그리고 한국인이 버려야 할 가장 큰 단점은 남을 인정하지 않고 시샘을 하는 것, 즉 '배고픈 것은 참아도 배 아픈 것은 못 참는 심정'이라고 한다.

한국인이 순하고 착하다는 것은 5천 년이 넘는 역사 속에서 천 번이 넘는 외침을 당하면서도 한 번도 먼저 외침을 하지 않았다는 기록에서도 잘 드러난다. 우리 국민의 한 사람 한 사람은 너무 순하고 착하다.

이렇게 착한 사람들인데 성공한 사람들에게 보내는 시선은 왜 그렇게 차갑고 시샘으로 꼬여 있는 것일까? 누가 돈을 많이 벌었다 하면 부정한 돈이나 뇌물을 바치고 권력의 힘으로 번 돈이라며 쉽게 생각한다. 성공한 사람을 보면 칭찬하기보다 끌어내리려고 하고 무엇인가 트집을 잡아 아예 사회적으로 매장하려고 한다. 옆집 아들이 서울대학교에 들어가면 기분이 좋아져야 될 텐데 왜 배가 아파지는지 우리는 곰곰이 생각해봐야 한다.

이러한 '배 아픈 정서'가 있는 한 우리나라에서 세계적 지도자나 영웅이 길러지기는 매우 어려울 것이다.

내 가족이 잘되면 배가 아프지 않는데 남의 가족이 잘 되면 배가 아프다는 것은 남을 인정하지 않고 시샘하는 심정에 근거를 두고 있다.

필자는 이러한 현상을 인성교육의 부재에 따른 공동체의식의 결여에 그 원인이 있다고 생각한다.

공동체의식의 결여는 인성교육, 즉 선비정신 교육의 부재 때문이다. 선비정신의 최종목표는 모두 잘 사는 사회, 즉 이상적 공동체의 달성에 있고, 그런 목표를 달성하는 과정으로 선비정신은 공동체의식의 확립을 주창하고 있다. 현대사회의 인식으로는 시민의식의 확립을 강조하고 있는 것이다.

공동체의식은 초등교육에서 시작되어야 한다. 어릴 때부터 나보다 나은 사람을 인정하고, 그 사람이 잘 되면 그것이 곧 나도 잘 되는 길이라는 것을 알고, 그래서 그도 잘 되고 나도 잘 되면 그것이 모두가 잘 되는 것이라는 선순환의 원리를 확실히 인식시키는 교육이 필요하다. 이것이 바로 자립정신교육이다.

자립정신은 남에게 폐가 되지 않는 자주의식을 기리는 정신이다. 잘 하는 사람을 본보기로 삼고, 다른 사람의 장점과 미덕을 찾아 나도 잘하려는 자조의식을 가지는 것이다.

자조의식이 없는 사람, 자립의식이 없는 사람에게 하는 각종 지원은 의타심, 의존심만 키우는 독毒이 될 뿐이다.

필자는 공동체의식을 확립하고 따뜻한 공동체 사회를 만들어 가기 위하여, 우리나라의 모든 어린이가 남을 시샘하지 않고 스스로 인격을 도야하는 모범을 보여 남과 더불어 다 같이 잘 되기를 희망할 수 있도록 아래와 같은 기도문에 공감하고 실천하는 어린이가 되어 주기를 기원하면서 어린이 기도문을 작성하였다.

대한민국 어린이 기도문

대한민국은 우리나라입니다.

모든 대한민국 사람들은 우리 형제이고 자매입니다.

우리는 대한민국을 사랑하고 그 풍요롭고 다채로운 자연과 문화유산을 자랑스럽게 여기면서 항상 그 가치를 존중합니다.

우리는 부모님과 선생님을 섬기고, 모든 어른을 공경하며, 누구나 따뜻이 보살피고, 친절히 대합니다.

나는 우리나라와 모든 국민에게 헌신할 것을 스스로 다짐합니다.

그분들의 평안과 번영이 곧 나의 행복입니다.

어린이가 크면 어른이 되고, 어른은 또 어린 시절의 기도문을 가슴에 간직한 채 어린이를 돌본다. '어린이 기도문'의 내용은 우리 사회에 세대를 이어가면서 선순환할 수 있는 것이다.

필자는 이로써 우리의 선비정신이 목표했던 이상적 공동체 사회는 우리의 힘으로 달성할 수 있다고 믿는다. 선비정신 교육이 우리나라 초등학교에서도 하루 빨리 실시되는 날을 기대하는 이유이기도 하다.

부 록

*부록 1~4는 저자의 강연내용을 모은 것입니다.

1. 선비정신의 나라 대한민국

서양인의 숫자는 7

서양인이 좋아하는 숫자는 7입니다. 7은 행운의 숫자(럭키 세븐)라고 불립니다. 이는 하느님이 세상을 창조할 때 7일이 걸렸다는 성경 말씀에서 유래합니다. 그래서 일주일을 7일로 정한 것이죠.

일주일 안에는 해(일)와 달(월)이 있고, 화성, 수성, 목성, 금성, 토성의 다섯 개의 별이 있죠. 지구의 입장에서 우주를 본 것입니다.

동양에서는 인간의 관찰로 하늘의 별을 보고 우주를 상상한 것이 음양오행입니다. 해는 양으로 보고 달은 음으로 봅니다. 그리고 목, 화, 토, 금, 수를 오행이라 부릅니다.

그리고 오행을 우주의 운행법칙으로 이해합니다. 해와 달인 음양과 우주의 변화법칙인 오행을 합치면 일곱이 됩니다. 그래서 일주일을 7일로 정한 것입니다.

중국인의 숫자는 8

중국인은 8자를 좋아합니다. 한자로 팔八의 발음이 발재發財, '돈을 벌다.'라는 뜻을 가진 말의 발음과 비슷하기 때문이죠. 즉 8은 돈입니다. 중국인은 돈을 최고의 가치로 생각합니다.

그들은 빌딩에서 8층 8호실을 제일 선호합니다. 중국에는 8층이 3개 층이 있는 빌딩도 있죠. 자동차 번호 8888번은 최고의 번호입니다. 중국정부가 주최한 베이징 올림픽의 개막식을 2008년 8월 8일 오후 8시 8분 8초에 거행한 일이 있을 정도이니까요.

한국인의 숫자는 3

한국인은 3자를 좋아합니다. 한국인은 천지인天地人을 우주의 상징으로 봅니다. 천, 지, 인 합일 사상이 3에 대한 숭상으로 나타납니다. 하늘, 땅, 사람이 우주를 상징한다고 본 것이죠.

셋을 한자로 쓰면 삼三입니다. 三은 하늘과 땅 사이에 있는 사람의 모습을 세 개의 선으로 표현한 것입니다. 왕王은 천, 지, 인을 하나로 맺어 주는 역할인 정치를 하는 천자라는 뜻에서 王이라 씁니다.

무당은 천, 지, 인을 하나로 맺어 주는 종교를 집행하는 사람이라는 뜻에서 무巫라고 표현합니다.

한자는 중국인이 만든 글자가 아니라, 한국인의 조상인 동이족이 만들어서 중국인이 쓰게 된 글자입니다.

고조선의 건국역사를 보면 셋이라는 숫자가 여러 곳에 나옵니다. 먼저 환인, 환웅, 단군이 등장하죠. 이를 삼신三神이라 합니다. 환인의 허락을 받아 환웅이 하늘에서 내려올 때 풍백, 우사, 운사의 세(3) 신하를 데리고 3천 명의 무리를 이끕니다. 또 천부인 세(3) 개를 받아

내려옵니다.

우주와 인간 사회를 주재하는 신神도 세(3) 개입니다. 하늘의 신은 환인이고, 땅의 신은 환웅이고, 사람의 신은 단군입니다. 이것이 삼신인데 합치면 하나죠. 삼신일체사상입니다. 삼신을 단수로 취급하여 '삼신할머니'라고 부른 것입니다. 이렇게 삼신신앙은 한국 무속신앙의 뿌리가 되었습니다.

삼신은 상호 상생적 관계입니다. 1+1+1은 3이기도 하고 동시에 1이기도 합니다.

한국사에 보면 3이 들어간 시대가 많습니다.

고조선은 단군조선, 기자조선, 위만조선의 3조선으로 구성되죠. 그 다음에 삼한시대가 나타나고, 그 다음에는 삼국시대가 열립니다. 가야가 500년 간 존속한 것을 고려하면 4국시대를 거쳐 3국시대로 간 것이지만 보통 삼국시대로 부르고 있습니다.

신라 초기 박 씨, 석 씨, 김 씨의 3성三姓이 교대하여 임금이 되었다는 이야기도 여러 성씨들이 임금의 자리를 다투었다는 것을 그렇게 표현한 것입니다.

한국인의 일상풍속에도 3이란 숫자는 많이 나옵니다. 경기를 할 때는 세 번을 겨루어 승부를 결정합니다. 이른바 삼세판입니다. 한국인 민속경기인 씨름은 삼세판으로 승부를 결정합니다. 고대의 그릇을 보면 세 개의 다리를 붙인 삼족기三足器가 많습니다.

고구려 무덤벽화에는 발이 세 개 달린 까마귀 인 삼족오三足烏의 그림이 많이 나옵니다. 조선시대 임금의 행차에 쓰인 의장기에는 머리가 셋이고 다리가 셋 인 주작기朱雀旗가 보입니다. 조선시대의 벼슬도 영의정, 좌의정, 우의정이 있고 이들이 삼정승입니다.

종교에서 가장 중요한 것은 '사생관'인데요, 한국인은 죽음에 대한 관념이 분명합니다. 모두 '하늘로부터 태어나서 하늘로 돌아간다.'는 관념입니다. 바로 영혼불멸신앙입니다. 한국인은 죽음을 표현할 때 '돌아간다.'라고 표현하는 민족입니다.

천, 지, 인이 하나가 되는 종교의식이 무교巫敎 신앙인데, 무교의식에서 발현되는 에너지가 '신바람'이고 '신명'이고 '흥'이 됩니다. 이 세 가지는 한국인의 생명을 충전시켜주는 활력소입니다.

한국인은 천(하늘), 지(땅), 인(사람)을 살아 있는 생명체로 봅니다. 한국인은 하늘과 땅과 사람에게는 음양의 본질이 있고 오행의 운행으로 유지된다고 보는 것이죠,

하늘에는 해와 달이 음양이 되고, 화성, 수성, 목성, 금성, 토성이 오행으로 활동하여 생명이 됩니다. 땅에는 산과 강이 음양이 되고, 목, 화, 토, 금, 수(나무, 불, 흙, 쇠, 물)의 성질이 오행으로 활동하여 생명이 됩니다.

사람은 남녀가 음양이 되고, 몸속에 있는 오장이 오행으로 활동하여 생명이 됩니다. 오장은 다섯 개의 장기로 신장, 심장, 간장, 폐장, 비장을 말합니다.

음양의 음 속에 양이 있고, 음양의 양 속에는 음이 있습니다. 따라서 음은 양으로 변화하고 양은 음으로 변화하는 속성을 가집니다.

음양오행사상은 천지인 합일사상으로 한국인의 조상들은 일찍부

터 자연환경을 존중하고 사랑하는 우주관을 가지고 살아왔습니다. 한국인의 자연사랑은 한국인의 춤, 노래, 악기, 그림, 서예, 건축, 정원 등 곳곳에 스며 있습니다.

한국인의 춤은 새가 날개를 펴고 하늘로 날아오르는 모습이 기본입니다. 날개에 해당하는 어깨와 팔 동작이 유연하고 발은 새가 날아오를 때 무릎을 살짝 굽혔다가 펴는 오금질을 동반하죠. 새처럼 하늘로 날아올라 하늘과 하나가 되려는 마음을 담고 있는 것입니다.

고구려 고분벽화에는 팔에 날개를 달고 하늘로 올라가는 그림이 많습니다. 이는 무덤의 주인공이 하늘로 승천하기를 기원하는 염원이 담겨 있는 것입니다.

세계인이 탄복하는 한국인의 악기는 범종입니다.

범종은 걸게 옆에 하늘을 향해 음관을 붙이고, 종 모양은 대나무 통처럼 만들어 여운이 오래가는 신비의 종소리가 울려 퍼지도록 만듭니다. 종 아래는 움푹 파놓아 음통 역할을 하도록 했습니다. 음관은 하늘의 소리를 담고 음통은 땅의 소리를 담습니다. 범종은 하늘과 땅과 인간이 함께 연주하는 악기로, 지구촌에서 이런 종은 한국인만 갖고 있습니다.

한국인의 전통 산수화는 서양식 풍경화와 완전히 다릅니다. 서양식 풍경화는 아름다운 풍경만 담겨 있지만, 한국인의 산수화는 아름다운 자연 속에 풍경만 있는 것이 아니라, 반드시 사람을 그려 넣었습니다. 자연과 인간이 하나가 될 때 아름다움이 완성된다고 보는 것입니다.

한국인의 건축인 한옥은 천지인의 모습을 담고 있습니다. 초가집, 기와집은 둥글고 네모지고 삼각진 모습으로 짓습니다. 지붕, 마루, 방에도 자연의 모습이 담겨 있습니다.

세종대왕은 천지인을 상징하는 원방각圓方角의 도형(○, □, △)과 혀의 발음모양을 문자에 응용하여 훈민정음의 자음을 만들었고, 천지인을 상징하는 하늘(●), 땅(一), 사람(│)을 형상화시켜 모음을 만들었습니다.

한국은 고조선이 멸망한 이래 수천 년간 중국과 국경을 접하고 살아오면서 중국문화의 영향을 크게 받아 온 것이 사실입니다. 그러면서도 만주족이나 거란족처럼 중국인으로 동화되지 않았고, 위구르족이나 티베트족처럼 중국에 합병되지도 않았으며, 처음부터 오늘에 이르기까지 독립적 언어와 문화를 유지하여 계승·발전시켜오면서 한국인의 정체성을 잃지 않고 살아왔습니다. 그 비결은 무엇일까요?

한국인은 단군역사에서 보듯이 자신들이 하늘(하느님, 환인)의 자손이라 믿었으며 부여, 고구려, 백제, 신라의 시조도 하늘의 자손으로 중국인과는 핏줄이 다르다고 생각한 것입니다. 고조선과 삼한시대와 삼국시대의 조상들은 하늘의 자손이라는 천손의식天孫意識을 바탕으로 혈연적 독자성을 자각하여 우리나라의 풍토에 맞는 언어와 의식주문화와 미풍양속을 지켜왔습니다.

고려는 고구려의 계승국가라는 자부심으로 국호를 고려라 불렀고, 태조 왕건은 후세 왕들에 게 교훈을 주기 위해 훈요십조訓要十條를 지었으며, 고려 성종의 정치 방향을 제시한 고려의 유학자 최승로崔承

老는 시무 28조를 만들어 외래문화의 수용을 환영하면서도 우리 조
상의 전통문화와 언어풍속을 유지하고 계승시킬 것을 강조했습니다.

고려 말에는 중국(원나라)을 지배한 몽고의 간섭을 100여 년간 받게
됩니다. 이때 한국인의 뿌리 찾기 운동이 활발하게 전개되어 기원전
2333년에 천손이 세운 단군조선이 한국 최초의 국가임을 확인한 것
입니다.

고려 문신 동안動安 이승휴(1224~1300)는 원나라의 간섭 하에 있는
고려 사회에 민족의 자주성과 독자성을 고양하기 위해 『제왕운기 』를
편찬했죠. 이 책에서 그는 우리 민족의 시조로 단군을 내세워 우리나
라를 중국과 다른 독자적인 나라로 서술하고 단군조선-기자조선-삼
한시대-삼국시대-통일신라·발해-고려로 이어지는 우리 역사의 정통
성을 확보했습니다.

고려를 이은 조선은 건국할 때 국호를 조선으로 바꾸어 단군조선
의 영광을 이어 간다는 것을 공식적으로 표방하고 한국사는 중국사
와 다른 뿌리를 가졌다는 것을 확인하였습니다.

한국인의 정체성과 주체성을 가지고 찬란한 민족문화를 꽃피운 임
금이 바로 조선의 세종대왕입니다. 15세기 초 세종의 과학농업정책
과 문화융성정책으로 조선의 백성은 당시 세계 최고수준의 문화국민
이 됩니다.

조선의 이종휘는 한국의 민족종교가 신교神敎라는 사실을 밝히고,
한치윤과 김정회는 한국문화의 뿌리를 고조선뿐만 아니라 대륙의 동
북지방에 넓게 퍼져 살고 있던 동이족으로 시야를 넓혀 이해하여 동

이족이야말로 중국의 한족에 뒤지지 않는 문화민족임을 자랑스럽게 밝혀냈습니다. 그리고 중국 산동성의 동이족 사회에서 동이족으로 살았던 공자도 동이족 사회의 아름다운 문화와 풍속에 영향을 받아 유교의 인仁 사상을 창출하였다는 결론에 이르게 됩니다.

인仁 사상은 그 자체가 선함이고 착함이고 어짊입니다. 한국인이 선하고 착하고 어짊의 정체성을 가지는 것은 고조선까지 거슬러 올라가 홍익인간정신에 맞닿아 있는 것입니다.

한국은 다민족국가

오늘날 한국인은 글로벌 지구촌시대에 살고 있습니다. 전 세계가 하나의 생활권으로 비약하고 있는 것입니다.

그런데 일제 강점기 시대에 한국인들의 정체성이 크게 흔들리게 되자 독립운동가들을 중심으로 한국인을 응집시키고 단결시킬 목적으로 '단일민족'을 강조하는 민족주의가 고양되었던 시절이 있었습니다. 또 민족주의자들은 단일민족의 규모를 더 키워서 동이족 전체에 해당하는 거란족, 여진족, 몽고족, 숙신족, 돌궐족까지 함께 묶어 '배달 겨레'라는 말을 쓰기 시작했습니다. 이러한 거대민족주의는 '밝음', '동방', '하늘'을 숭상하는 무교巫教의 종교공동체를 통합한 것으로 거대한 하나의 민족공동체로 발전시켜 항일전선을 펴고자 했던 정치적 목적으로 나온 것입니다.

일본은 동이족의 무교巫教와 한국의 민족종교인 신교神教를 갖고 가서 섬나라 일본의 선도神道로 발전시켰습니다. 그리고 한국의 민족주의자들이 내세운 배달공동체 속에 일본까지 포함시켜 동아시아 침략을 마치 '배달종교공동체'의 재건인 것처럼 선전했습니다. 이것이 바로 일본이 내세운 '대동아 공영권' 건설이죠. 일본은 평화를 파괴하여 침략하고 지배해서라도 동아시아를 통합하고 공영해야 한다는 괴상한 주장을 내세운 것입니다.

일본의 '대동아 공영권' 논리는 안중근 의사의 '동양 평화론'과는 정반대의 개념입니다.

안중근 의사는 1909년 10월 26일 초대 조선통감인 이토 히로부미를 대한독립군 참모장 자격으로 하얼빈 역에서 저격하여, 1910년 3월 26일 일본제국의 군사재판을 받았습니다. 재판 일주일 만에 사형을 선고받고, 투옥 5개월 만인 향년 31세에 처형당했지요. 안중근 의사 사후 5개월만인 1910년 8월 29일 대한제국은 일본제국에 합병되고 맙니다.

안중근 의사는 뤼순의 감옥에서 '동양 평화론'을 쓰면서 한국, 일본, 중국은 상호침략을 하지 말고 자주독립하여 평화 공존해야 한다고 강조했습니다. 더 나아가서 오늘날의 EU처럼 한국, 중국, 일본은 동일화폐시장으로 경제적 공동시장을 이루어야 한다고 주장했죠.

당시에는 안중근 의사의 주장을 이해하는 지식인이 아무도 없었습니다. 안중근 의사는 자신의 '동양 평화론'을 완성시키기 위해 처형시기를 보름만 늦추어 달라고 요청했지만 즉결 처분하라는 일본정부의 지시에 의해 무자비하게 사형이 집행됐습니다. 때문에 '동양 평화론'은 미완의 단계로 안중근 의사의 유고가 되고 말았던 것입니다.

한국의 독립운동권에서 나온 '배달겨레민족주의'는 본의 아니게도 일본의 침략논리에 역이용당하는 불행을 맞이하고 말았습니다. '배달민족주의'는 일본에 역이용당하는 결과를 가져 왔을 뿐만 아니라, 오늘날 다민족문화 중심의 지구촌 현상과도 상치되는 결과를 초래합니다.

또 한국인과 거란족, 여진족, 몽고족이 무교巫教를 공유했다 하더라도 그것은 아주 옛날의 고조선 시대의 일이고, 그 후 실제 역사상 한국인은 거란족, 여진족, 몽고족의 침략을 받아 방어하느라 힘겨운 전쟁을 수차례에 걸쳐 겪은 경험이 있으므로, 이들을 동족으로 간주한다는 것은 더 이상 설득력이 없는 것이 사실입니다.

더구나 실제 역사적으로 보면 한국인은 단일민족이 아닙니다. 고조선시대에는 단군조선이 기자조선, 위만조선을 연방국가로 거느렸으므로 다민족, 다문화국가였고, 그 후의 삼한시대나 삼국시대에도 우리나라는 다민족국가였음을 역사 기록들이 증명하고 있습니다.

오늘날 한국인이 가지고 있는 성씨姓氏의 절반 이상이 대륙에서 이주해 온 이주민 성씨라는 사실만을 보더라도 한국은 다민족국가임에 틀림없습니다. 대륙에서는 중국의 한족뿐 아니라 여진족, 거란족, 몽고족, 위구르족, 티베트족, 시베리아인들이 한국인으로 귀화했고, 남방에서는 일본인, 유구인, 베트남인, 인도인, 아랍인, 화란인 등이 한반도로 들어와 귀화인이 됐습니다. 혈통적으로 보면 이렇게 다양한 민족이 혼합되어 한국인 사회에 융합되어 살아왔던 것입니다.

하지만, 정신적으로 보면 한국인은 원주민이든 귀화인이든 단군의

천손민족이라는 우리민족 고유의 자부심을 체득하여 한국인 특유의
동질적인 문화적 정체성을 키워왔던 것입니다.

한국인의 공동체 정신

한국인의 동질적인 문화적 정체성은 무엇일까요?

오늘날까지 한국인들에게 체득되어 있는 동질적인 공동체정신은
무엇인가요?

한국인의 전통적 공동체 정신은 선비정신 또는 선비문화에 녹아 있
다고 말할 수 있습니다.

선비는 고조선부터 사용해온 한국인 고유 언어입니다. 한자가 나오
기 전부터 선비라는 고유 언어로 내려오다가 한자로 표기될 때 선비
가 선인仙人 또는 선인先人으로 기록됐던 것입니다.

역사학자 한영우 교수의 연구에 의하면 선비는 원래 고대의 무교에
서 출발합니다. 삼국사기에는 '평양이 선인 단군왕검의 집'이라고 하
여 '단군왕검'을 '선인仙人'으로 불렀습니다. 따라서 단군은 우리나라
최초의 선비로 기록되고 있는 것입니다.

단군시대에는 도교, 불교, 유교가 있을 리 없으므로, 선비는 곧 무
교의 제사장이고 군장이고 임금인 것입니다. 고대 사회는 종교의 우
두머리가 정치의 우두머리였죠. 단군은 무당이고 선비이고 임금인 셈
입니다.

무당, 선비, 임금의 제사는 하늘에 지내는 제사입니다(祭天). 강화

도 마니산의 참성단은 단군이 제사를 지내는 곳으로 제천행사가 열린 곳입니다.

단군은 왜 하늘에 제사를 지냈을까요?

단군은 하늘의 후손으로 태어났으므로 하늘이 곧 부모가 됩니다. 그러므로 제천은 곧 부모에 대한 제사입니다. 바로 제천보본祭天報本인 것이죠. 제천은 근본에 대한 보답이므로 곧 부모에 대한 보답이고 부모에 대한 효孝입니다.

단군뿐만 아니라 삼한시대, 삼국시대의 임금들도 제천행사를 통해 하늘부모에 대한 보답을 행하였습니다. 그것이 삼한의 '소도'이고, 고구려의 '동맹'이고, 부여의 '영고'이고, 예맥의 '부천'이고, 신라와 고려의 '팔관회'이고 조선의 '환구단'입니다.

한국인의 부모를 생각하는 효는 유교에서 유래한 것이 아닙니다. 한국인의 효는 제천보본에서 유래한 것입니다.

고조선 동이족의 일파인 기자족이 고조선에 와서 한 단계 더 진화된 문명을 건설합니다. 모든 이에게 땅을 똑같이 나누어 주는 정전제井田制가 실시되고, 팔조교八條敎의 도덕을 펼칩니다.

그래서 공자가 고조선을 '군자국君子國'이라 부르고 고조선으로 이민 오고 싶어 했다는 기록이 『논어』에 나옵니다. 공자는 고조선의 선비문화를 군자문화로 기록하고 선비를 군자로 불렀습니다.

삼국시대에 이르러 선비는 국가에서 양성하는 종교적이고 무사적인 청소년 집단으로 진화합니다. 그것이 고구려의 조의선인粗衣仙人이고, 백제의 수사도修士徒이고, 신라의 국선도國仙徒, 선랑도仙郎徒, 화랑도花郎徒, 풍류도風流徒, 풍월도風月徒입니다.

이들은 하늘을 공경하면서 국가를 위해 봉사하고, 부모에게 효도했으며, 친구 사이에 신의를 지키고, 생명을 사랑하며, 전쟁에서는 죽기를 각오하고 나라를 지켰습니다. 이들의 계율은 단군의 선비정신, 곧 홍익정신을 계승한 것입니다.

삼국시대에 도교, 불교, 유교가 들어왔고, 단군의 선비정신은 자연히 삼교三敎의 가르침과 융합되어 큰 국가공동체의 정신적 지주의 바탕이 됩니다. 이때 당나라는 신라를 '동방예의지국東方禮儀之國'으로 부르게 됩니다. 고조선시대 공자가 부른 '군자국'이 신라시대에 '동방예의지국'으로 진화한 것입니다.

고려시대에도 선비정신은 그대로 이어졌으며 종교적·무사적 집단도 그대로 존속했습니다. 고려 말기에는 한층 세련된 유교문화가 국가정치를 이끄는 새로운 이념으로 자리 잡습니다.

고려시대에 과거제도가 시행되고 시험으로 등용된 문관의 지위가 상승하면서 종교적·무사적 공동체는 문사적 문화사회로 진화합니다. 고려 태조 왕건의 훈요십조에 선비정신이 담겨 있고, 고려의 국가적 축제였던 팔관회 제천행사에도 선비정신이 계승됐습니다.

조선시대에 들어와서 선비정신은 한층 세련된 유교문화와 성리학이 융합하여 한 단계 진화합니다. 원래 선비는 문사와 무사 모두를 가리키는 말이었는데 문사 쪽으로 무게가 이동하면서 선비라고 하면 유학자를 떠올리는 시대가 됐습니다. 하지만 실제로는 유학자인 지식인만 선비가 아니라 나라를 지키는 무인도 선비였으며 지식인 여자선비까지 포함하여 선비라는 범주에 들어갑니다.

조선에서는 민간선비단체인 향도香徒와 사장社長이 존속되어 선비 공동체의 풍속이 뿌리를 내립니다. 향도는 계契를 조직하여 종교공동체인 동시에 향촌의 장례식을 주관해 주는 장례공동체로 기능했고, 사장(두레)은 협력공동체인 동시에 오락공동체로 기능하여 조선의 놀이문화의 뿌리가 되었습니다. 특히 협력공동체인 사장(두레)은 놀이문화를 주도하면서 군사무예를 익혔으므로 국가의 유사시에는 의병義兵이 되어 싸울 수 있는 능력도 생겼습니다.

이러한 재야선비조직은 시대변천에 따라 강인한 생명력을 지니면서 향도는 '상두꾼'으로 불리면서 주로 장례공동체 일을 담당하게 되었고, 사장은 '두레패'로 불리면서 농촌 품앗이 협업공동체와 오락공동체로서 대중의 사랑을 받는 직업공동체로 변신하였습니다. 그 후 돈을 받고 노동을 제공하고 오락을 제공하는 집단으로 기능하면서 근대사회와 만나게 됩니다.

민간선비공동체가 대중을 상대로 하는 직업공동체로 변신하는 반면, 조정의 유학자들은 향촌공동체로 '향약鄕約'을 만들어 추진했습니다. 향약은 동네 주민의 생활규범으로 중심규약은 덕업상권(德業相勸: 옳은 일, 덕 쌓는 일은 서로 권하자), 과실상규(過失相規: 그른 일, 잘못하는 일은 서로 말리자), 예속상교(禮俗相交: 사귈 때는 서로 예의를 지키며 사귀자), 환난상휼(患難相恤: 병들고 어려운 일이 있으면 서로 돕자)의 네 가지 기본규약입니다.

지식인 유학자 사이에는 학문공동체로 학파가 형성됐고, 정치공동체로서 붕당이 만들어졌으며, 조정의 선비들은 '임금은 오직 백성을 위해 존재한다.'는 민본정치民本政治를 추구했습니다. "백성은 국가의 근본이고 군주의 하늘이다."라고 기록한 삼봉 정도전의 『조선경국전』을 다시 펼쳐 들었던 것이죠.

조선 후기에는 민본사상이 한 단계 더 진화하여 만인의 평등을 추구하는 대동사회大同社會를 지향하기 위해 정치, 경제, 사상의 탕평蕩平을 추구했습니다. 선비들이 이상으로 삼은 사회는 대동사회입니다.

공자는 『예기』에서 "천하는 공공의 것이다."라며 "어질고 능력 있는 자를 뽑아 신의를 가르치고 화목을 닦게 하니 사람들은 자신의 부모만을 부모로 여기지 않았고, 자신의 자식만을 자식으로 여기지 않았다."고 말했습니다. 그는 자신의 부모나 자식만을 식구로 여기지 않는 천하일가天下一家 사상을 폈던 것입니다.

조선 후기의 경제적 탕평이 균역법均役法과 대동법大同法으로 나타났고, 사상적 탕평이 북학北學과 실학實學으로 나타났습니다.

근대문명이 들어온 19세기 후반의 개화사상은 전통 선비정신의 진화를 초래하여 동도서기東道西器, 구본신참舊本新參, 법고창신法古創新의 개화정책을 펴기 시작했습니다. 이는 철학, 종교, 도덕, 윤리, 정치는 우리의 것을 지키고 기술문명은 서양의 것을 받아들인다는 정책이었습니다.

하지만 당시의 국제정세는 문화가치로 좌우되지 않았습니다. 오히려 군사력과 기술력과 경제력으로 좌우되는 힘의 논리가 승패를 결정하는 시대였습니다.

약육강식이 정당화되었던 시대에 일제 강점기가 시작되었습니다.

이에 한국인의 선비정신은 독립운동으로 표출되어 3·1 운동의 바탕이 되었고, 대한민국 임시정부의 건국강령에 반영되었습니다. 선비정신은 약육강식을 정당화하지 않고, 그 반대편에 서서 평화, 상생, 공존을 줄기차게 외쳤던 것입니다.

1948년 한국인은 서구의 자유민주주의를 우리의 전통적 선비정신과 접목시켜 대한민국을 탄생시켰습니다.

오늘날 대한민국은 지구촌 10대 경제대국에 올라섰습니다. 이제 경제대국, 기술대국, 군사대국의 경지라고 봐도 과언이 아닙니다. 이것을 외국인의 눈으로 보면 '한강의 기적'이라고 볼 수 있겠지만, 이것은 '기적'이 아니라, 수천 년간 쌓아온 한국인의 문화적 유전인자인 선비문화의 체질이 창조해 낸 결과로 보아야 할 것입니다.

내적으로 축적된 선비정신, 선비문화라는 우리 전통 정신문화의 뿌리 깊은 정체성이 없었다면 물밀듯이 닥쳐 들어온 서구문화를 소화해 내지 못하고 동화되어버렸을지도 알 수 없습니다.

그러나 오늘날 우리에게는 해결해야 할 문제가 아직 남아 있습니다. 우리 내면의 전통문화와 외부에서 들어온 서구문화를 융합하는 과정에서 우리는 우리 것을 너무 경시하여 잊어버렸고 서구문화에 너무 의존하는 경향이 있다는 것을 배제할 수 없기 때문입니다.

경제대국, 기술대국, 군사대국을 건설하기 위해 서구문화와의 융합을 꾀한 우리의 전통 생활양식은 엄청난 변화를 맞이했습니다. 한옥을 허물어 양옥을 짓고, 거기에 온돌을 넣어 난방을 만들고, 서구음식을 활용하여 퓨전음식을 만들고, 판소리와 오페라가 합쳐진 '판페라'를 연주

하고, 서양의학이 들어오고, 부분적으로 한의학과 접목을 꾀하고, 한복을 입기보다 우리는 서구식 옷을 즐겨 입고, 우리가 사는 의식주의 대부분이 서구식으로 진화됐습니다. 이러한 진화는 전통의 것을 '체體'로 하고 서구의 것을 '용用'으로 하여 융합을 꾀한 결과입니다.

전통학문과 서구학문 간의 융합 부재

가장 심각한 경우는 우리의 학문이 퇴색된 점입니다.

서구학문의 개념으로 바라보면 우리의 전통 학문은 모두 비정상적으로 보이기 쉽습니다. 서구학문은 모두 정상이고 우리의 전통학문은 모두 비정상이라고 치부해버리면 학문의 융합은 이루어지기 어려운 법입니다. 동서의 문화, 동서의 문명은 분명 다릅니다.

다르기 때문에 동서문화, 동서문명은 그 고유한 가치가 존재하는 것입니다. 우리는 우리의 전통학문을 정상으로 인정해야 합니다. 우리의 전통학문을 '체'로 하고 서구의 학문을 '용'으로 해서 학문의 융합을 꾀해야 합니다.

오늘날 우리의 지도자, 우리의 지식인들은 서구의 가치를 유일한 표준으로 우리나라의 정치, 경제, 사회, 문화적 정책을 재단해 버리는 우를 거리낌 없이 범하고 있습니다. 국가의 정책이 한국인 표준정서에 접목되지 못하고, 서구인의 표준이 그대로 적용되는 현실을 반성해야 합니다.

시민의식과 문화의식의 결핍

오늘날 우리는 지구촌 경제대국, 기술대국, 군사대국이 됐지만, 거기에 걸맞은 시민의식, 정치의식, 사회의식, 문화의식은 많이 부족한 측면이 발견됩니다.

예를 들어 우리의 정치는 서구적 외피는 갖추고 있지만, 진정한 자유민주주의 본질을 향유하기 위한 우리나라 정치인의 의식은 턱없이 낙후되어 있습니다. 오히려 조선시대보다 더 낙후된 모습을 발견할 때도 있습니다.

조선시대를 잘 살펴보면 우리의 기록문화, 토론문화, 언론문화, 권력분산문화, 사회통합문화, 약자배려문화와 관련하여 지구촌에서 가장 우월한 제도적 장치를 가지고 있었다는 사실을 알 수 있습니다.

정치제도 하나만 보면 조선시대는 세습왕조제도였지만, 지금은 선거를 통해 권력자를 뽑는 민주정치제도입니다. 정치제도의 근본이 바뀌고 진화했습니다. 그런데도 정치인들이 조선시대보다 못한 정치의식을 갖고 있다는 것은 무엇을 의미하는 것일까요?

그것은 국가공동체의 공익公益을 앞세우는 선비정신, 선비문화, 공동체정신의 빈곤을 나타내는 것입니다.

오늘날 대한민국에는 작은 공동체는 수없이 많습니다. 작은 '동아리', 작은 '패거리'는 헤아릴 수 없이 많으나 그들은 모두 사익私益을 추구하는 공동체들입니다. 작은 공동체들은 약자를 더욱 약자로 만들고 강자를 더욱 강자로 만듭니다. 오직 자기들이 소유한 기득권을 지키고 이익을 더 키우기 위해 광분하고 있습니다. 뿐만 아니라 작은 공동체의 이익단체들이 서로 부딪치면서 갈등, 대립, 투쟁을 증폭시키고 있습니다. 대표적인 케이스가 정치갈등, 노사갈등, 사회갈등, 세대갈등, 빈부갈등 등입니다.

'나' 중심의 서구문화, '우리' 중심의 한국문화

서구문화는 기본적으로 '나' 중심의 세계관을 가지고 있습니다.

한국인의 선비문화는 기본적으로 '우리' 중심의 세계관을 바탕으로 합니다.

오늘날 우리나라에 필요한 것은 '나' 중심의 작은 공동체의 난립이 아니라, '우리' 중심의 큰 공동체 출현이 꼭 필요합니다. 만민을 포용하고 홍익정신을 기릴 수 있는 큰 공동체의 출현이 반드시 필요합니다.

한국인이 서구로부터 수입한 '나' 중심의 세계관을 극복하고 한국적 전통인 '우리' 중심의 세계관으로 복귀하기 위해서 한국적 철학, 한국적 종교, 한국적 학문의 세계가 존중되어야 할 것입니다.

천지인이 하나의 생명체이며 우리가 살고 있는 자연환경, 지구촌, 우주 전체가 생명공동체라는 철학은 우리가 서구에 수출해야 할 우주관입니다. 지난 120여 년에 걸쳐 서구를 쫓아가기에 바빴던 한국인은 이제 대한민국이 더 이상 변방국가가 아니라 세계사를 이끌어 갈 수 있는 중심국가로 탈바꿈을 시작하였음을 자각해야 합니다.

역사의 중심축은 항상 바뀌고 있습니다. 이제 서구에서 동아시아로 무대가 바뀌고 있는 것입니다.

우리나라가 선비정신, 선비문화를 되찾아 우리의 전통학문을 되살리고 지구촌에 수출하는 사회를 만들어 나간다면 대한민국은 다시 공자가 말했던 '군자의 나라'라는 영광을 되찾을 수 있을 것입니다.

오늘 강의를 마감하면서 역사적으로 외국인이 본 우리나라의 별칭을 되돌아봅니다.

군자의 나라 -공자

동방예의지국 -동이전

은자(선비)의 나라 -아서 그리피스

조용한 아침의 나라 -하벨

동방의 등불 -타고르

고상한 사람들이 살고 있는 보석 같은 나라 -펄벅

교육대국 -오바마 미국 대통령

2. 선비정신과 시대적 리더십: 리더십 교육, 무엇을 어떻게 할 것인가?

　바둑의 십계명으로 통하는 위기십결圍棋十訣이라는 것이 있습니다. 그중에 사소취대捨小取大라는 말이 나오는데요, 작은 것을 버리고 큰 것을 취하라는 뜻입니다.

　위기십결은 북송시대 바둑의 고수인 유중보가 지은 것이라고 알려져 있는데요, 이 사소취대라는 말은 바둑뿐만 아니라 가정경영, 기업경영, 국가경영이나 인생살이에도 적용할 수 있는 교훈을 담고 있지 않나 생각합니다.

　생각해 보면 우리는 눈앞의 작은 이득에 연연해서 더 큰 것을 놓치는 경우가 얼마나 많습니까? 부분적인 이득보다는 전체적 차원의 공동체 이득을 얻기 위해 전략적 마인드로 게임운영을 해야 하는데도 일반적으로 기력이 낮은 하수들은 돌 몇 점 잡는 것에 현혹되어 대국적으로 큰 곳을 빼앗기는 경우가 비일비재합니다.

　요즈음 우리 사회를 돌아보면 소탐대실을 하고 있는 곳이 너무 많습니다. 많은 국민들이 정치를 걱정하고 있는 것도 소탐대실하는 정치인들이 많기 때문입니다. 바둑에서 작은 이득에 집착하다 보면 결국 '싸움바둑'이 되고 말듯이 정치인들이 개인의 사욕, 정당의 사리에 집착하다 보니까 자연히 충돌이 잦아지고 '싸움정치'만 계속되고 있는 것입니다.

저는 오래 전부터 운동을 해오고 있습니다. 두 가지 운동인데요, 하나는 선비정신 함양운동이고 또 하나는 한글(훈민정음)의 세계화 운동입니다.

오늘은 선비정신 함양운동에 대하여 말씀드리고자 합니다. 이 시간이 선비정신에 대한 인식과 이해의 지평을 넓힐 수 있는 계기가 될 수 있기를 희망합니다.

서울은 내사산과 외사산으로 둘러싸여 있는 명당 중의 명당입니다. 내사산은 백악산, 목멱산, 타락산, 인왕산이고, 외사산은 북한산, 관악산, 아차산, 덕양산입니다. 동서남북 사방에 이렇게 내사산과 외사산이 조화를 이루고 있는 넓은 지역은 아주 드물다고 합니다.

어느 추운 겨울날 태조 이성계가 말을 타고 궁궐을 나섰는데 내사산 안쪽은 눈이 다 녹았는데 그 바깥쪽은 눈이 그대로 쌓여 있는 것을 발견하고는 눈 녹은 경계선을 따라 도성을 축조하라고 명했습니다. 전장 59,500자(약 18.2㎞)로 평지에는 토성을 쌓고 산지에는 석성을 쌓았습니다.

조선 개국의 설계자인 정도전은 동서남북에 사대문을 설치하고 도성의 중앙에 종각을 설치했습니다. 사대문의 이름을 흥인문, 돈의문, 숭례문, 홍지문이라 짓고 가운데의 종각을 보신각이라 이름 붙였습니다. 흥인문은 지대가 낮은 관계로 홍수에 대비해야 한다는 풍수학의 영향을 받아 후에 흥인지문으로 바꿔 부릅니다.

사대문의 이름과 종각의 이름을 살펴보면 '인, 의, 예, 지, 신(仁義禮

智信)'의 다섯 글자가 들어가 있다는 것을 발견하게 됩니다. 이것은 동양철학 유가사상의 핵심 이념인 오상五常을 사대문과 종각에 형상화시킨 것입니다.

도시를 설계할 때 철학을 건물에 집어넣어 백성이 드나드는 문을 만들고, 철학을 집어넣어 종각을 만든 나라는 조선이 유일무이합니다. 조선의 건국이념은 오상의 생활화에 있었던 것입니다. 정도전은 이렇게 외치고 싶었을 것입니다.

흥인문으로 다니는 모든 백성은 어짊의 측은지심을 체득하시오.
돈의문으로 다니는 모든 백성은 옳음의 수오지심을 체득하시오.
숭례문으로 다니는 모든 백성은 바름의 사양지심을 체득하시오.
홍지문으로 다니는 모든 백성은 슬기의 시비지심을 체득하시오.
그리고 보신각의 종소리를 듣는 모든 백성은
서로 믿고 신뢰하는 백성이 되시오.

대한제국을 침탈한 일본제국이 제일 먼저 철거한 대문이 어디일까요?

바로 돈의문입니다.

돈의문의 '의'는 옳음을 상징하고 있는데, 이 옳음은 양심, 즉 정심에서만 나올 수 있습니다. 일본인은 예로부터 양심이 약한 민족이고 한국인은 예로부터 양심이 강한 민족이었는데, 돈의문이 철거되고부터 우리 민족의 양심이 약화되기 시작했다고 볼 수 있습니다. 그 후

홍지문이 철거되고, 숭례문이 불타고, 옛 모습을 간직하고 있는 문은 흥인지문 하나만 달랑 남고 말았습니다. 그래도 오상의 최고봉인 인 하나만이라도 남아 있는 게 정말 신기합니다.

인은 인간관계의 으뜸가치입니다. 그것은 두 사람 이상이 있을 때 사람에게 나타나는 본성 중의 으뜸가치입니다. 이는 다른 사람이 불행하면 나도 불행을 느끼고, 다른 사람이 행복하면 나도 행복을 느끼는 마음입니다.

선비정신에 대하여 설명하기 전에 먼저 선비에 대하여 말씀드려야 하는데, 먼저 질문을 하나 드리겠습니다.

'선비'라는 단어를 들었을 때 어떤 이미지가 떠오르십니까?

4, 5년 전의 이야기입니다. 이공계 교수들이 만든 모 학회의 연례행사에 초청을 받아 선비정신에 대하여 강연한 적이 있습니다. 이야기를 시작하기 전에 '선비'라는 단어를 들었을 때 어떤 이미지가 떠오르냐고 물었더니, 교수 한 분이 손을 번쩍 들더니 이렇게 대답하는 것이었습니다.

"선비라면 비 오는 날 지붕이 새는데도 방안에 의관을 정제하고 앉아 있는 사람 아닙니까?"

이 대답에 대해 여러분께서는 어떻게 생각하십니까?

그분은 제 짐작에 50대 초반의 교수님이었는데 선비에 대한 이미지가 이렇습니다. 선비에 대한 이러한 이미지는 아마도 일반적인 이미지로 우리나라 사람들에게 각인되어 있을 것입니다.

그러나 분명한 것은 이분은 선비에 대해 모르고 있거나 알고는 있는데 잘못 알고 있는 것입니다. 이것은 선비의 진면목이 아닙니다. 이 것은 일제식민사관이 심어 놓은 왜곡되고 조작된 이미지입니다. 광복 된 지 70년이 되는데도 일제 강점기 때 주입되었던 왜곡된 선비의 이 미지를 우리나라 최고 지성인들이 아직도 답습하고 있는 현실은 참 으로 안타까운 일입니다. 우리는 일제 강점기 때 일본인이 심어놓은 '안티 선비' 이미지가 아직도 남아 있다는 현실을 자각해야 합니다.

이러한 현상은 우리나라가 외면적·물질적으로는 자주독립을 이루 고 있지만 내면적·정신적으로는 자주독립을 이루지 못하고 있다는 단면을 보여주고 있습니다. 이러한 잘못된 인식이 오늘날에도 계속되 고 있는 것은 우리나라의 지식인들이 일제 강점기 때 일본인들이 심 어 놓은 식민사관에 세뇌되어 그대로 후배들에게 전수해 왔기 때문 입니다.

1945년 8월 15일은 우리 한국인에게는 광복일이지만, 일본인에게는 패전일입니다.

이날 일본은 연합국에게 항복을 선언했습니다. 그날 밤 조선총독 부 마지막 총독이었던 아베 노부유키는 자신의 측근들을 모아놓고 이렇게 말합니다.

"일본은 졌다. 그러나 조선이 이긴 것은 아니다. 우리는 조선인들의 머리에 총과 대포보다 더 무서운 식민사관을 심어 놓았다. 조선인들 은 선조들의 찬란한 업적을 잊고 100년 이상 노예처럼 서로 헐뜯고, 서로 증오하며, 서로 분열할 것이다. …(중략)… 나 아베 노부유키는 다시 돌아올 것이다."

지금 우리 사회를 돌아보면 아베 노부유키가 한 말이 그대로 재현되고 있지 않나 생각합니다. 남북은 분단되었고, 남한에서는 이념이 분열되고, 지역이 분열되고, 계층이 분열되고, 빈부가 분열되고… 우리는 우리 선조들의 찬란한 업적을 깡그리 잊어버리고 서로 헐뜯고 증오하며 분열하고 있는 것입니다.

이제 선비의 진면목을 알기 위해 선비의 현대적 정의에 대하여 말씀드리겠습니다.

오늘날 선비의 정의는 세 가지로 압축됩니다.

-선비는 행동하는 지식인, 문화인, 모범인이다.
-선비는 도덕적 삶의 사회화에 앞장서는 리더이다.
-선비는 공동체를 위한 공동선을 창조하는 엘리트이다.

선비의 정의에서 중요한 단어는 '행동하는'이라는 단어입니다. 선비는 행동하는 지식인이고, 문화인이고, 모범인이고, 리더이고, 엘리트인 것입니다.

선비의 정의를 알았으니 선비정신에 대해서도 살펴보겠습니다.

선비정신은 선비가 삶에서 어떤 생활실천덕목을 가지고 있었는지를 살펴보면 알 수 있습니다. 선비의 생활실천덕목을 나열하자면 백 가지도 넘게 말할 수 있지만 시간관계상 여덟 가지로 정리해 봅니다.

-학행일치

-언행일치

-심행일치

-살신성인

-거의소청

-극기복례

-법고창신

-솔선수범

'학행일치'는 배운 것을 실천하는 덕목이고, '언행일치'는 말한 것을 실천하는 덕목이며, '심행일치'는 마음먹은 것을 실천하는 덕목이고, '살신성인'은 내 몸을 던져 어짊을 실천하는 덕목이며, '거의소청'은 국운을 바로잡기 위해 정의의 깃발을 드높여 오랑캐와 소인배를 깨끗이 쓸어내는 덕목이고, '극기복례'는 개인의 욕심을 극복하여 공동제의 기본질서를 실천하는 덕목이며, '법고창신'은 옛 것을 바탕으로 새로운 공동선을 창조하는 덕목이고, '솔선수범'은 누구보다 앞장서서 몸소 다른 사람의 본보기를 실천하는 덕목입니다.

선비정신에서 가장 중요한 단어는 '실천하는'이라는 단어입니다. 모든 선비정신은 실천하는 덕목이기 때문입니다. 아무리 유려하고 화려한 말로 표현하는 덕목이라도 실천하지 못하는 덕목은 선비정신이 되지 못합니다.

여기서 우리는 앞에서 말씀드린 왜곡되고 조작된 선비의 이미지가 우리 사회에 남아 있는 현상이 어떻게 생겨났는지 살펴볼 필요가 있습니다.

대한제국이 망하고 일제 강점기가 시작되었을 때 조선의 구석구석에서 의병들이 봉기하는 바람에 한반도는 하루도 바람 잘 날이 없었습니다.

조선총독부 초대 총독 데라우치는 심복인 다카하시 도오루를 불러서 전국에서 의병들이 일어나는 원인을 조사하라고 명령합니다. 다카하시 도오루는 한복으로 갈아입고 삼남지방을 염탐하기 시작했죠. 이 사람이 생각하기를 의병장의 집에는 총과 칼이 있을 줄 알았는데, 간신히 의병장의 집을 알아내어 찾아가 보니 총과 칼은 없고 책상머리에 '퇴계집'이 한결같이 놓여 있는 것을 보고 깜짝 놀라게 됩니다. 조선의 의병장은 군인이 아닌 선비라는 사실을 확인한 것입니다. 다카하시는 데라우치 총독에게 "조선에서 선비를 없애지 못하면 끊임없이 일어나는 의병 때문에 식민통치가 불가능할 것입니다."라고 보고합니다.

그때부터 선비정신 말살정책이 교묘하게 시행되고, 선비와 양반을 세트로 묶어서 왜곡하고 폄하하는 무시무시한 조작문화정치가 실시됩니다. 이렇게 하여 선비와 양반의 이미지는 개차반으로 전락하고 맙니다.

일본인 역사학자 호소이 하지메는 "조선인은 분열의 유전가 있어서 자치능력이 없다. 선비는 당파싸움만 하는 패거리이기 때문에 지도력이 없다. 따라서 일본이 조선을 지배해야 한다."라는 억지주장을 담은 논문을 썼고, 조선총독부는 이것을 교과서에 넣어서 교육시켰습니다.

이렇게 하여 15세기에 세계 최초로 지식기반사회를 만들었고, 백성이 근본이 되는 대동사회를 만들기 위해 앞장섰던 조선 선비의 이미지는 쓰레기가 되었고, 조선총독부가 만든 식민사관이 한국인에게 주입되었던 것입니다.

2013년 9월, 안동 군자마을 탁청정에서 선비정신에 대하여 토크 콘서트가 열렸습니다. 탁청정은 조선 중종 36년(1541년)에 지은 것을 안동 댐 건설 때 수몰을 피해 통째로 군자마을로 옮겨온 고택입니다. 석봉 한호가 현판 글씨를 썼고 정자 안에는 퇴계 이황의 시가 걸려 있는 곳입니다.

거기에서 페스트라이쉬 교수가 이런 말을 하는 겁니다.

"요즘 싸이의 강남스타일이 세계를 휩쓸고 있지요. 하지만 이런 걸로는 한국의 대표로 삼기에는 많이 부족합니다. 선비정신이야말로 한국의 정체성을 대표하는 키워드가 될 수 있다고 생각해요. 영국 하면 젠틀맨을 떠올리고, 일본 하면 사무라이를 떠올리듯이 한국 하면 선비를 떠올리게 해야 합니다."

저는 2002년부터 '선비리더십 아카데미'를 운영하면서 선비정신의 함양과 전파에 힘써 왔는데요, 이렇게 호응해 주는 외국인 학자들이 있다는 게 너무 반가웠습니다.

한국인에게는 세계가 탐내는 전통 엘리트 정신인 선비정신의 DNA가 면면히 흐르고 있습니다. 하지만 우리나라 사람들은 우리 자신이 가지고 있는 선비정신의 가치를 까마득하게 잊어버리고, 오히려 서구식 수입형 리더십에 매달리고 있는 형편입니다.

서구식 수입형 리더십은 외면 가꾸기에 치중되어 있습니다. 그 결과 우리 사회에 외모지상주의가 만연하고 있습니다. 수입형 리더십 책들을 잘 살펴보면 얼굴 화장 잘 해라, 옷을 잘 입어라, 이미지를 잘 가꾸어라, 인사를 잘 해라, 말을 잘 해라, 시간 관리를 잘 해라 등 외면의 말초적 겉모습을 화려하게 치장하고 꾸미라는 데에 초점이 맞추어져 있습니다. 또 오로지 타인에게 잘 보이기 위한 태도와 습관을 만들어서 인간의 본성을 무시한 채 위선과 거짓으로 위장하는 기술을 가르치고 있습니다.

겉포장을 그럴 듯하게 하는 대화술, 처세술, 심리술 등을 리더십으로 간주하고 있는 것인데요, 이러한 것들은 조금만 잘못되어도 사기술로 전락해버릴 위험을 안고 있는 잔꾀와 술수에 불과합니다. 이는 우리 사회에 사기범죄가 많아진 까닭이기도 합니다.

수입형 리더십은 말을 잘하여 대화의 달인이 되고, 권모술수에 밝아 처세의 달인이 되고, 상대의 욕구를 파악하여 심리술의 달인이 되면 훌륭한 리더가 될 수 있다고 강조하고 있습니다. 이것은 대화술이고, 처세술이고, 심리술일 뿐이지 진정한 의미의 올바른 리더십이 아닙니다.

한국형 전통 '선비리더십'은 격물, 치지, 성의, 정심으로 인간의 내면을 갈고 닦는 것을 기본으로 삼습니다. 내면부터 맑게, 밝게, 빛나게 가꾸어서 수신을 먼저 이룬 뒤에 자연스럽게 제가를 하고, 제가를 이룬 뒤에 치국을 하고, 치국을 이룬 뒤에 평천하를 이룩하는 황금률 리더십인 것입니다.

자신을 먼저 가꾸어서 내공을 쌓고 그 내공의 에너지가 밖으로 자연스럽게 표출되어 타인의 성취를 도와주는 외공을 쌓는 것이 '修己安人'의 리더십입니다. 수기는 자기완성이 목표이고 안인은 타자성취가 목표입니다. 요즘 말로 바꾸면 수기는 Self-Leadership이고, 안인은 Servant-Leadership입니다.

서양 이야기도 좀 해 보겠습니다.

소크라테스는 지도자교육에 관심이 많았습니다. 그는 왕이 될 수 있는 사람은 먼저 모두 철학자이기를 바랐습니다. 철학자는 말 그대로 '지혜를 사랑하는 사람'이죠. 소크라테스는 최고지도자인 왕은 철학자가 먼저 되어야 한다고 생각했고, 그래서 그는 '철인 왕'을 주장했습니다.

소크라테스의 제자 플라톤도 '철인 왕'을 주장했습니다. 플라톤이 쓴 『국가』를 보면 '수호자교육'이 강조됩니다.

플라톤은 정의에 관한 다양한 견해를 검토했는데 모두 하자가 있다고 생각했습니다. 그는 정의가 무엇인가를 정의하기 위해 본격적 작업을 시도합니다. 이 과정에서 그는 개인적 삶에서의 정의와 국가적 삶에서의 정의를 따로 유추해 볼 수 있는 논리에 주목합니다. 그리고 개인적 삶에 있어서의 정의를 밝히는 것은 매우 큰 어려움이 있다는 것을 알고 국가적 삶에 있어서의 정의를 먼저 밝히고 그 정의의 원칙을 개인적 삶에 적용해 보기로 합니다.

국가가 성립하기 위해서는 우선 의식주와 같은 삶의 기본적 욕구를 충족시켜주는 물자의 생산이 있어야 하죠. 물자를 효율적으로 생산하기 위해서는 분업이 필요합니다. 최초의 국가는 인간의 '기본적 욕구'를 충족시켜주는 물자를 생산하는 분업국가입니다.

그런데 인간은 '기본적 욕구' 이외에 '사치적 욕구'도 가집니다. 국가가 인간의 '기본적 욕구'와 '사치적 욕구'를 충족시키려면 훨씬 다양한 종류의 생산물을 만들어야 하고 국가의 사회적 부를 키워야 합니다. 국가의 크기도 일정 수준 이상으로 커야 합니다. 이렇게 되려면 인접국을 공격해야 할 필요도 생기고, 무엇보다 공격으로부터 국가를 지켜야 할 필요도 생깁니다.

이쯤 되면 국가에 절실히 요구되는 것이 있습니다. 바로 국가의 방위를 책임질 군인이 있어야 한다는 것인데요, 넓은 의미로 국가의 국방, 안보, 질서를 책임질 공직자로 보면 됩니다. 플라톤의 말을 빌자면 수호자들(phylates)이 필요한 것입니다.

국가는 기본적으로 분업의 원칙에 입각해 있으므로 이 수호자 계급만이 국방과 안보와 질서를 담당해야 하고 이들만이 무력을 행사할 수 있습니다. 또한 국가의 성패는 수호자들이 자신들의 고유기능을 잘 수행하느냐 잘하지 못하느냐에 달려 있습니다.

이들의 중요한 기능은 국가를 위해 죽음이나 전투를 두려워하지 않고 용감하게 적을 물리치는 것입니다.

하지만, 이에 못지않게, 이보다 더 중요한 것이 있습니다. 적을 물리치는 것보다 이들에게 더 중요한 것은, 이들이 자신의 무력을 동료나

시민들에게 사용하는 일이 절대로 없어야 한다는 것입니다. 수호자들은 대외적으로는 전투적이고 용맹해야 하고 대내적으로는 동료와 시민들에게 친절해야 하고 그들을 보호해야 한다는 것입니다.

수호자가 이런 이중적 특성을 가지려면 적절한 교육이 필요합니다. 국가에서 수호자교육은 바로 이런 필요에서 시작됩니다. 이상국가의 성패는 수호자가 얼마나 역할을 잘 수행하느냐에 달려 있는 만큼, 국가에서 수호자교육은 매우 중요합니다.

수호자는 기본적으로 군인, 검찰, 경찰, 안보요원 등이므로 신체를 강인하게 단련하고 군사기술을 익혀야 합니다.

하지만 플라톤은 수호자들을 위한 교육에 있어서 체육교육이나 군사훈련보다 더 중요한 것으로 시가교육을 강조했습니다. 체육교육이 신체를 단련하기 위한 것이라면, 시가교육은 영혼을 건전하게 하고 조화롭게 만들기 위한 것입니다. 수호자가 갖추어야 할 가장 중요한 자질인 '용맹(대외적 자질)', 그리고 '신의(대내적 자질)' 등은 모두 신체단련 이전에 건전한 영혼을 가져야만 이룰 수 있는 것들이기 때문입니다.

영혼의 건강상태를 강화하는 것이 인성교육입니다. 플라톤은 신체를 단련하는 체육교육의 궁극적 목적은 신체단련 자체보다 이를 통한 건전한 영혼의 형성에 있음을 강조합니다. 이 때문에 플라톤은 수호자교육에 있어서 체육교육보다 시가교육을 훨씬 비중 있게 다루었던 것입니다.

그럼 정리해 보겠습니다.

이상국가의 실현을 위해 플라톤의 교육프로그램이 시사하는 것은 공동선을 우선시하는 시민들이 존재해야 하고, 또 그런 국가를 지속시키기 위해 공동선을 추구하는 삶을 가장 높은 가치로 인정할 수 있는 시민들을 양성해야 한다는 것입니다.

자, 여기에서 한국으로 넘어와 봅시다.

우리나라 선비의 최대관심은 항상 대의大義의 실현에 있었습니다.

대의란 바로 공동선인 것입니다.

선비는 공동선의 실현이야말로 이 세상을 살기 좋고 평화로운 세상으로 만드는 지름길이라고 생각했습니다.

선비의 최종목표는 대동사회의 건설입니다. 대동사회란 '사람이 자유롭고, 인류가 평등하고, 세상이 평화로운 사회'를 말합니다.

선비는 한자가 없는 순수한 우리말입니다. 선비라는 단어가 지니고 있는 고전적 의미를 풀어 보면 '문무겸전의 이상적 인간상', '학덕을 겸비한 인격인', '수양된 능력인' 등으로 해석될 수 있습니다. 또 우리나라 고유의 '풍류도'에서 가미된 이미지가 들어가면서, '선비란 학덕이 높고 문무를 겸한 지도자로서 예술적 감성을 지닌 멋쟁이 엘리트'로 해석되기도 합니다.

공자는 허학을 배격하고 실학을 중히 여겼습니다.

공자의 실학정신은 확고부동합니다. 그는 제자가 귀신에 대해 묻자 "미능사인 언능사귀(未能事人焉能事鬼)."라고 대답합니다. "사람도 다 섬기지 못하는데 어찌 귀신을 섬긴단 말인가?"라는 뜻이죠.

또 그는 제자에게 "미지생 언지사(未知生焉知死)"라고 말했습니다. "삶도 제대로 모르는데 어찌 죽음을 알겠는가?"라는 뜻입니다.

조선왕조 때 선비를 양성하기 위해 행한 교육내용을 보면 13가지 항목이 있었습니다.

첫째 철, 사, 문, 언(哲史文言) 교육입니다. 지성적 인격화를 도모하기 위한 것입니다.

둘째 시, 서, 화, 가, 무(詩書畵歌舞) 교육입니다. 덕성적 인격화를 구현하기 위한 것입니다.

셋째 마, 어, 궁, 검(馬御弓劍) 교육입니다. 체육적 인격화를 실현하기 위한 것입니다.

서양은 말의 문화이고, 동양은 글의 문화입니다. 서양은 말하기에 방점을 두었고, 동양은 글쓰기에 방점을 두었습니다.

서양철학의 비조라고 불리는 소크라테스는 글쓰기를 아주 싫어했습니다. 그는 문자를 경멸하기까지 했습니다.

이와 달리 동양철학의 시원이라는 공자는 말하기보다 글쓰기를 좋아했습니다. 그는 친히 육예六藝를 편찬했고 육경六經을 집필했습니다.

육예는 예禮, 악樂, 사射, 어御, 서書, 수數입니다. 육경은 『시경』, 『서경』, 『역경』, 『예경』, 『악경』, 『춘추경』이죠. 여기서 『역경』은 해설서를 포함시킨 『주역』으로 대체됩니다. 『예경』은 「예기」, 「주례」, 「의례」로 분류되지요. 『춘추경』은 「좌씨춘추」, 「공양춘추」, 「곡량춘추」로 분류할 수 있습니다. 『악경』은 실제로 전해지지는 않고 내용의 일부가 예기에 포함되어 전해오고 있습니다.

공자는 "말은 조심해야 하고 삼가야 한다."고 가르쳤습니다.

군자의 몸가짐을 규정한 『예기』 「구용九容」에서도 구용지口容止라고 해서 "입은 다물고 있어라."고 말합니다. 후세에 누군가가 "침묵은 금이다."라고 말할 수 있는 근거를 준 것입니다. 공자의 이 가르침은 말을 할 때는 자기가 지킬 수 있는 말을 해야 하고 진실된 말만 해야 한다는 가르침입니다.

노자도 『도덕경』에서 '신언불미 미언불신信言不美美言不信'이라고 해서 "믿을 수 있는 말은 아름답지 못하며 아름다운 말은 믿을 수 없다."고 가르칩니다.

동아시아의 유불도 삼대사상이 공유한 것은 '이심전심以心傳心'입니다. 마음에서 마음으로 전하는 것이 강하다는 뜻이죠. 말이 없어도 마음과 마음이 서로 통하면 무엇이든 다 해결할 수 있다는 의미를 담고 있습니다.

다시 서양으로 넘어가 보겠습니다.

서양에서는 일찍이 '레토릭(rhetoric)'이 발달했습니다.

서양문화를 동양에서 제일 먼저 받아들인 일본이 이를 수사학修辭學이라고 번역했는데요, 이는 오류입니다. 오히려 수언학修言學이라고 하는 편이 맞는 말입니다. 엄밀한 의미의 수사학은 문장을 장식하는 수단을 연구하는 것을 말합니다. 하지만 '레토릭'은 언어를 장식하는 수단을 연구하는 것을 말하지요.

'레토릭'은 독자를 상대로 문장을 조리 있게 다듬고 꾸미는 글의 기술, 글의 공부가 아닙니다. '레토릭'은 독자가 아닌 청중을 상대로 하여 말하는 사람의 이야기를 더욱 힘 있게, 조리 있게, 아름답게, 현란하게 꾸미는 말의 기술, 말의 공부를 말합니다.

이 '레토릭'은 소크라테스, 플라톤, 아리스토텔레스를 거쳐 키케로에 이르러서 웅변가를 탄생시킵니다.

키케로는 『웅변가에 관하여』라는 저서를 통하여 '레토릭'의 외연을 확장시키고 '레토릭'을 보편적 인문교육 시스템으로 제도화시켜서 지도자(정치가)교육의 필수코스로 제시하고 있습니다.

그러나 여기에 문제점이 하나 대두됩니다.

바로 '레토릭'은 도덕성 결여를 초래할 위험이 매우 크다는 것입니다.

키케로는 이러한 위험을 극복하기 위해 『의무에 관하여』라는 저서에서 도덕교육, 윤리교육을 또 하나의 필수코스로 제시하고 있습니다.

소크라테스와 플라톤은 철학가의 삶이 정치가의 삶보다 우월하다고 했습니다. 그들은 웅변술을 사기술로 보았으며 '레토릭'을 아첨술로 생각했습니다.

그런데 키케로는 정치적 삶이 철학적 삶보다 우월하다고 주장하며 '레토릭'의 중요성을 강조합니다. 그러면서도 웅변가는 플라톤이 말한 '철인 왕'의 덕목인 지혜, 용기, 절제, 정의 등의 덕목을 갖추어야 한다고 절충안을 제시합니다.

이리하여 키케로의 '레토릭'은 서양철학의 줄기를 '말'로 진화시켜 버립니다. 유럽의 역사는 한마디로 '말'의 역사라고 할 수 있습니다.

그리스의 도시국가에서 공공생활의 기둥은 '말'이었습니다. '레토릭'이라고 하는 말의 문화를 꽃 피게 하여 그것이 당시 교양교육의 바탕이 되었던 것입니다.

그리스의 이런 전통은 기원전 2세기경 공화제인 로마문화권으로 전승됩니다. '말'로 이루어진 아테네 광장의 '아고라'는 로마 광장의 '포럼'으로 변천합니다. 로마에서 '말'은 정치와 밀착되어 있습니다.

이렇게 하여 '말'에 대한 믿음은 서유럽문화의 핵심이 되고, 철학과 종교의 그루터기로 자리 잡았습니다.

그리스·로마 문화와 함께 서양문화의 또 다른 근원은 유대교와 그리스도교 문화입니다.

'말'에 대한 믿음이 세속적 차원을 넘어 종교적 차원으로 승화·표백된 것이 그리스도교의 '말씀'에 대한 믿음이 되었습니다. 유대교, 그리스도교에 있어서 '말씀'은 '하나님'이고 교회는 '하나님 말씀의 전당'입니다. 그리스도교 사제와 목사는 본래의 구실이 '말씀'을 전하는 사람인 것입니다. 로마에서 그리스도교의 역사는 포교과정에서 그리스의 '레토릭' 문화를 수용하여 헬레니즘 문화와 헤브라이 문화를 성공적으로 가교시킨 것입니다.

여기에서 우리는 '레토릭'은 도덕성의 전제가 필수라는 사실에 주목하지 않을 수 없습니다.

'레토릭'에서 도덕이 빠지면 그것은 사기술이고, 아첨술이고, 선동술이고, 하나의 관점을 주장하기 위해 다른 관점들을 모두 그늘지게 만드는 포퓰리즘이고, 사악한 인기술이고, 허울 좋은 위장술에 불과한 것입니다. 포퓰리즘은 정치인에게는 '대박'일 수 있지만 국민에겐 '쪽박'을 가져다줄 뿐입니다.

그리스·로마시대부터 오늘에 이르기까지 서양의 뛰어난 정치가는 뛰어난 웅변가였습니다. 이와는 대조적으로 동양, 특히 동아시아 문화권에서는 훌륭한 임금이나 사대부는 모두 독서가이자 뛰어난 문장가였습니다.

서양은 말의 문화에서 수많은 웅변가를 배출했고, 동양은 글의 문화에서 수많은 문장가를 배출했습니다.

20세기 '레토릭' 연구의 선구자인 벨기에의 법철학자 카임 프렐만은 로마제국을 '레토릭 제국'으로 규정했습니다. 프랑스 철학자 롤랑 바르트는 '레토릭제국'은 고대 그리스에서 시작하여 로마를 거쳐 나폴레옹 3세의 프랑스에 이르기까지 2천 5백여 년 동안 서양을 지배해 왔다고 말했습니다.

오늘날 '말'에 대한 믿음의 정치적 표현은 국회의사당인 'parliament'에 남아 있고, '말씀'에 대한 믿음의 종교적 표현은 "태초에 말씀이 있었다."라는 성경에 남아 있습니다.

존 듀이는 이렇게 말했습니다.

"민주주의를 제대로 하려면 교육이 필요하다. 민주시민은 태어나는 게 아니라, 교육을 통해 만들어지는 것이다."

교육과 민주정치는 떼려야 뗄 수 없고, 교육과 민주시민은 떼려야 뗄 수 없습니다.

동아시아 전통문화에서 천하를 다스리는 지배 이데올로기는 유학의 정치철학이었습니다. 동양철학의 기둥인 유학은 교육철학이고 정치철학입니다. 유학을 건국철학으로 채택한 조선은 좋은 정치를 하기 위해서는 반드시 좋은 교육이 필요하다고 생각했습니다.

조선은 유학적 정치와 교육의 접점을 '예禮'에서 찾았습니다.

예는 말이 아니라 움직임이고 행동입니다. 또한 인간을 사람답게 만들고 아름답게 만드는 유일한 질서이고 그것은 섬김의 질서입니다.

앞에서 말씀드린 선비정신의 핵심 생활실천덕목 중 하나인 '극기복례'는 인(仁)에서 출발합니다. '자신의 사욕을 극복하여 사회의 예로 돌아오는 것'이 바로 '어짊'이라고 생각한 것입니다.

유학은 공자의 인(어짊) 사상을 중심으로 이를 떠받드는 큰 기둥 두 개가 있습니다. '인' 바로 밑에 맹자의 '의義' 사상과 순자의 '예禮' 사상이 있는 것입니다.

맹자의 의(옳음) 사상은 이미 한국인의 DNA에 녹아들어 있습니다. 순자의 예(바름) 사상은 한국인보다 일본인의 DNA에 녹아 있다고 생각됩니다. 공자의 견리사의見利思義 정신은 한국인이 제일 강합니다. 한국인은 명분에 강하고 대의에 충실합니다. 일본인은 매뉴얼에 강하고 실리에 충실합니다.

예 사상은 '맹자의 예' 사장과 '순자의 예' 사상으로 나누어 볼 수 있습니다.

순자는 성악설을 주장했죠. 인간은 본래 악하기 때문에 악한 인성을 그대로 두면 인간사회는 살육과 쟁탈로 어지러워지므로, 인위적으로 법과 규율을 만들어서 이것을 바로 잡아야 한다는 것이 순자의 '예' 사상의 핵심입니다. 인간은 자신의 이익만을 추구하려는 이기심이 있기 때문에 이를 강력하게 규제하기 위해 반드시 외적으로 법이라는 규정을 만들어야 한다는 주장인 것입니다. 따라서 순자의 '예'는 사람이 인위적으로 만들어 내야 하는 것입니다. 이러한 순자의 주장은 그의 제자 한비자에 의해 법가사상으로 발전했습니다.

이와 달리 맹자는 성선설을 주장했습니다. 맹자는 인간의 본성은 선한 것이므로, 인간의 본분은 타고난 선성을 길러내고 강화해야 한다는 것이 맹자 '예' 사상의 핵심입니다. 맹자는 인의예지는 인간의 본성이므로 인간의 본성에 '예'는 이미 들어 있다는 사단四端을 설명합니다. 그러므로 인간이 인의예지의 본성을 지키면 인간의 도리를 다할 수 있는 것이고, 이를 지키지 못하면 악으로 떨어질 수 있다고 보았던 것입니다.

따라서 최고지도자인 임금이 인의예지의 본성을 지키는 것은 매우 중요하다고 생각했습니다. 맹자는 인간의 본성을 갈고 닦지 못해 임금 스스로 어질지 못하고 포악해질 때 백성은 그러한 임금을 몰아낼 수 있다고 주장했죠. 맹자의 이러한 혁명적 사장은 정치론으로 확립되어 유학의 전통사상으로 우리 민족에게 계승되었습니다.

맹자는 인간이 지켜야 하는 '예'는 인위적인 것이 아니라, 하늘로부터 원천적으로 받아 태어난다고 주장하기도 했습니다. 인간이 태어날 때 하늘로부터 받은 인간본성인 인의예지가 있는데, 이를 잘 갈고 닦으면 그 속에 '예'가 포함되어 있다는 것입니다.

맹자는 인간본성을 발휘하는 '예'를 갖춘 개인, '예'를 갖춘 가정, '예'를 갖춘 사회, '예'를 갖춘 국가라야 존재의 정당성을 가진다고 말했습니다. 그리하여 인간본성이 발휘되는 존재의 정당성에서 품위가 나오고, 품위로부터 권위가 나오고, 권위로부터 권력이 나오는 것이라고 말했습니다. 따라서 국가권력은 정치적 '예'에서 나오는 것이고 '예'는 국법과 동의어가 된다고 보았던 것입니다.

'예'는 국법과 동의어이기 때문에 조선에서는 '예'가 아주 중요했습니다. 국왕이 국법을 지키면 예치禮治가 되지만 국왕이 국법을 지키지 못하면 '예치'가 아니라 '패도'가 되기 때문입니다. 따라서 정치지도자의 덕목은 '수기치인修己治人'이 되고, '수기안인修己安人'이 되는 것입니다.

맹자가 인간본성인 '예'와 '덕'을 숭상했다면, 순자는 인간이 인위적으로 만들어 내는 규범인 '예'와 '법'을 숭상했다고 할 수 있습니다. 맹자의 '예'와 '덕'은 대의명분을 낳았고 순자의 '예'와 '법'은 규범형식을 낳았습니다.

조선은 '패도'가 아닌 '왕도'가 중요했습니다. 패도는 힘과 권모술수에 의한 정치를 말하고 왕도는 예와 덕에 의한 정치를 말합니다. 조선은 후세의 평가를 받기 위해 국왕의 모든 언행을 기록으로 남겼습니다. 조선의 사관들은 태조에서 철종까지 475년간 임금의 언행을 기록했는데 이것이 『조선왕조실록』입니다.

조선의 주서들은 임금과 대신들이 토론한 내용을 288년 동안 기록했는데 이는 『조선왕조실록』보다 더 방대한 분량의 『승정원일기』로 남아 있습니다.

선비는 어린 시절 몸 교육을 먼저 받았습니다. 몸 교육은 행실교육이고 실천교육입니다. 행실교육으로 몸에 올바른 습관을 먼저 익힌 다음에 지식교육, 마음교육을 받았습니다.

국왕의 하루는 아침 문안인사로 시작되고, 국왕의 하루는 저녁 취

침인사로 종결됩니다. 국왕이 그렇게 하니 사대부가 그렇게 했고 사대부가 그렇게 하니 백성도 그렇게 했습니다.

국왕은 평생을 신하들에게 교육을 받았습니다. 선비는 평생을 공부하였고 공부한 것을 실천하지 못하면 수치로 생각했습니다. 그리하여 생긴 선비의 행동강령이 학행일치, 언행일치, 심행일치였던 것입니다.

오늘날 정치는 일인시대, 소수시대를 거쳐 다수에 의한 정치시대입니다. 다수라고는 하지만 대표자를 뽑아야 하기 때문에 형식은 여전히 소수 정치시대의 형태를 벗어나지 못하고 있습니다.

모든 국민이 직접 참여하는 풀뿌리 민주주의는 불가능하지만, 선거와 투표라는 시스템을 통하여 간접 참여하는 대의정치 형태의 풀뿌리 민주주의는 가능합니다.

여기에서 정치대표를 뽑는 풀뿌리의 수준을 높여야 하는 당위성이 제고되어야 합니다. 풀뿌리의 수준이 높아야만 정치대표의 수준이 높아질 수 있기 때문입니다. 그래야 그 속에서 나오는 지도자의 수준도 높아질 수 있기 때문입니다.

지도자의 수준을 높이는 방법도, 풀뿌리의 수준을 높이는 방법도 교육밖에 없습니다. 따라서 교육 콘텐츠와 교육방법은 혁신과 쇄신의 대상에서 벗어날 수 없는 것입니다.

서양의 소크라테스는 이상 국가 실현을 위해서는 '철인 왕'이 필요하다고 말했고, 동양의 맹자는 이상 국가 실현을 위해서는 '예치'와 '덕치'를 하는 '왕도정치'가 필요하다고 말했습니다.

맹자는 힘으로 하는 '인치'와 '법치'는 철권과 무력을 앞세우는 '패도

정치'라고 하여 경멸했습니다. 그는 완벽한 도덕정치인 왕도를 실현하는 정치적 영수를 '왕王'이라 불렀으며, 무력과 철권을 앞세우는 '패覇'와 구분했습니다.

조선 선비의 정치적 목적은 왕도정치의 구현이었고, 대동사회의 실현이었습니다. '사람은 자유롭고 인류는 평등하고 세상은 평화로운' 공동체가 대동사회입니다.

아직도 우리는 대동사회에 도달하지 못하고 있지만, 대동사회를 향한 이상은 가지고 있습니다. 사람이 이상을 가지는 이유는, 이상은 현실을 비판할 수 있는 유일한 근거가 되기 때문입니다.

우리는 이상을 가져야 합니다. 우리가 나아가야 할 방향과 목표를 분명하게 설정해 둘 필요가 있습니다.

오늘날 우리는 지도자 복이 없다고 한탄만 합니다. 이제는 우리 스스로 지도자가 되기 위해 공부하고 훈련해야 할 때입니다. 지도자교육을 못하고 있다고 한탄하고 있을 것이 아니라 우리 스스로 지도자교육을 잘 할 수 있는 교육 콘텐츠를 개발하고 교육방법을 개선해야 합니다.

오늘의 강의 주제인 '선비정신과 시대적 리더십'에 대한 결론을 말씀드리겠습니다.

폴라톤은 수호자교육을 위해 시가교육에 방점을 두었습니다.

우리는 지도자교육을 위해 인성교육에 방점을 두어야 합니다. 인성교육은 인간성교육이고, 인간본성교육이고, 세계가 탐내는 선비정신교육입니다.

지금 우리는 경제위기, 금융위기 등을 이야기합니다. 그러나 우리가 직면한 진짜 위기는 인성위기이고, 인간본성위기이고, 선비정신위기이고, 사람됨의 위기입니다.

지금 우리 사회에는 '난신적자亂臣賊子'가 너무 많습니다. '나라를 해치는 공직자와 부모를 해치는 자식'이 너무 많은 사회로 전락한 것입니다. 난신적자위기를 극복하기 위해서는 인성교육이 필요하고 선비정신교육이 필요합니다.

모쪼록 선비정신이 함양되고 널리 보급되어 지구촌에 평화공존의 대동사회가 실현되기를 기원합니다.

3. 1905년의 긴박했던 100일: 대한제국 멸망의 100일

1905년 7월 29일

일본은 욱일승천하는 기세로 강대국을 상대로 외교력을 발휘하여 미국과 비밀리에 가쓰라- 테프트 비밀협상을 성공시킨다. 테프트 미국 육군장관을 일본에 초청하여 일본 총리 가쓰라 타로 사이에 밀약을 체결한 것이다. 밀약내용은 미국이 필리핀을 점령하고 대한제국은 일본이 종주권을 가진다는 비밀협정이다.

1905년 8월 4일

대한제국의 이승만 청년이 미국의 루스벨트 대통령을 면담한다. 이승만은 천신만고 끝에 연줄을 잡아서 루스벨트 대통령을 만난다. 그러나 이미 닷새 전에 미국은 일본과 가쓰라-테프트 밀약을 체결한 뒤였다. 이승만은 그런 사실도 모르고 루스벨트 대통령에게 대한제국을 도와 달라고 간곡히 요청하지만 루스벨트 대통령은 약소국가에서 온 낯선 청년의 말을 외면한다. 이미 버스는 떠난 뒤다. 이승만은 쫓겨나다시피 백악관을 뒤로 한다.

대한제국 시절 이승만이 투옥된 과정은 7년 전으로 돌아가서 살펴

볼 수 있다.

1898년 11월 29일

고종은 황제의 자문기관인 중추원을 개편하여 의관 50명을 임명한다. 의관은 대한제국 최초의 국회의원인 셈이다. 이승만은 독립협회와 만민공동회 일을 주선한 지식인으로 평가받아 24세에 의관으로 임명된다.

1898년 12월 23일

독립협회와 만민공동회 회원들은 대한제국의 정치체제를 '전제군주체제'에서 '입헌군주체제'로 개혁할 것을 주장한다. 당시의 국제정세는 절대왕권의 '전제군주체제' 대신에 헌법을 제정하여 왕권으로부터 백성을 보호하려는 '입헌군주체제'로 변화되는 시기였다. '전제군주체제'를 고집한 고종은 군대를 동원하여 '입헌군주제'를 주장하는 독립협회와 만민공동회를 강제로 해산시킨다.

1899년 1월 2일

고종황제는 이승만 등 '입헌군주제'를 주장하는 독립협회 출신 의관을 파면했고 33일 만에 이승만의 대한제국 의관벼슬(종9품)은 날아간다. 고종과 노론일당은 '입헌군주체제'로의 정치개혁을 극력 반대한다. 이때부터 대한제국의 민심은 고종으로부터 이반된다.

1899년 1월 9일

고종황제는 절대왕권으로 국가를 통치하는 '전제군주체제'를 강력 견지하기 위해 '입헌군주체제'를 주장하는 이승만 등 독립협회 멤버를 체포한다. 이승만은 투옥되어 6년 간 수감생활을 이어간다.

1904년 12월

6년 만에 형기를 마치고 감옥에서 나온 이승만은 인천으로 가 미국 이민선을 타고 비밀리에 망명한다. 세계의 리더국가로 부상해 있는 미국에 가서 대한제국의 위기를 설명하고 도움을 요청하기 위해서다.

1905년 8월 4일

이승만은 이미 일본제국과 손잡은 미국 대통령으로부터 핀잔만 받고 쫓겨난다. 도움요청에 실패한 이승만은 국제정치학 공부가 급선무임을 깨닫고, 조지워싱턴대, 하버드대, 프린스턴대를 거치면서 5년 만에 학사, 석사, 박사 학위를 따낸다. 이승만은 미국에서 독립투쟁을 계속하면서 1941년에 『일본의 가면을 벗긴다(Japan Inside Out)』를 미국에서 영어로 출간한다. 이승만은 자신의 책에서 군국주의 일본의 야심을 조목조목 진단하고 일본이 머지않아 미국도 공격할 것이라고 예언한다. 실제로 책 출간 후 넉 달 만에 일본은 하와이 진주만을 기습했다. 이 책의 서평은 노벨 문학상을 받은 펄 벅 여사가 쓴 것이다. 펄 벅은 서평에서 이렇게 말했다. "이 책은 무서운 책이다. 너무 큰 진실을 담고 있기 때문이다. 모든 미국인이 읽어봐야 한다."

1905년 8월 12일

일본과 영국은 상호 동맹조약을 체결한다. 일-영 조약체결에서 일본은 대한제국에 대한 지도, 감리, 보호조치를 취하고 영국은 이를 승인한다고 협정한다.

1905년 9월 5일

일본과 러시아는 강화조약을 체결한다. 일명 '포츠머스 조약'이다. 일본은 러시아로부터 대한제국에 대한 지도, 감리, 보호조치를 승인받는다.

1905년 11월 17일

한반도에서 청국 및 러시아를 몰아낸 일본은 미국 및 영국의 양해각서를 미리 받은 여세를 몰아 대한제국의 외교권을 송두리째 빼앗는 '을사늑약'을 강제로 체결한다. 이로써 대한제국은 국제사회에서 완전히 고립되어 잊히고 만다. (1910년에 '한일병탄'이 이루어지기 5년 전이다. 대한제국은 국제사회에서 독립국가로서의 자격을 잃어버리고 일본의 보호를 받는 속국이 된다.)

1905년의 긴박했던 100일 간은 대한제국이 망하고 일본제국이 흥하여 세계무대에 일어선 100일 간이다.

2015년의 회한

지금부터 110년 전 1905년의 긴박했던 100일을 뒤돌아보면 대한제국이 얼마나 우물 안 개구리였는가를 짐작할 수 있다. 일본은 대한제국을 손 안에 넣기 위해 국제무대에서 비상한 수단을 발휘하여 당시의 강대국이었던 미국, 영국, 러시아로부터 대한제국 보호조치를 승인받는다. '대한제국이 왜 일본제국의 보호를 받아야 하는가?'에 대한 의문을 아무도 가지지 않게 만들었던 것이다.

대한제국의 최고통치자인 고종황제와 노론세력이 기득권인 내부권력 확보에만 눈이 어두워, 외부세계인 국제사회에서 국가와 국민이 송두리째 일본제국으로 넘어가려 하고 있는 기막힌 현상을 막지 못했다. 대한제국은 국제정세의 변화하는 동맹관계와 자국이익을 위하여 급변하는 국제정치를 알지 못했기 때문에 두 눈을 뜨고 있으면서도 막지 못했던 것이다.

오천 년 한국사에서 처음으로 외국에 나라를 빼앗긴 비통한 시기였다. 일본제국은 총알 한 방, 대포 한 방 쏘지 않고 국제외교를 통해 대한제국을 약탈해 버렸다. 대한제국은 나라를 지키기 위한 구국 전쟁 한 번 해 보지 못하고 '을사늑약'이라는 '외교문서' 한 장에 의해 나라를 빼앗기고 말았던 것이다.

오늘날 국제정세와 외교전쟁에서 한국 외교의 위치는 어디에 와 있는가? 또 다시 일본의 치밀한 외교전술에 밀리고 있지는 않는가? 우리는 스스로 자문해 보고 모든 정치인과 국민이 일치단결하는 모습을 보여야 한다. 국가안위에 내부분열만큼 해와 독이 되는 것은 없다. 정치인들은 국가의 이익과 국민의 이익을 행동기준으로 삼아야 한다. 기득권을 놓치지 않으려는 개인의 사욕과 자기 정파와 자기 정당의 사리를 위해 혈안이 되어 있는 정치인들이 없어져야 한다. '정치'란 '올바른 방향으로 국민을 이끌어가는 올바른 행위'라는 진정한 의미를 되새겨야 할 것이다.

4. 중국의 중화정신과
　　일본의 사무라이정신은 무엇인가?

　제가 일본에 있으면서 가장 중요하게 생각하고, 또 가장 많이 한 일은 일본 사람을 만나는 일이었습니다.

　일본인은 누구나 다 알고 있듯이 깨끗하고 친절하며 예의 바르고 상냥한 사람들입니다. 거기에다 기계를 다루는 공작 솜씨가 뛰어나며, 외국인들을 혹하고 반하게 하는 친근한 태도를 가지고 있을 뿐만 아니라, 국가에 이익이 되는 일이라면 개인이나 회사의 희생을 감수할 줄 아는 전체성을 높은 덕목으로 생각하는 사람들입니다.

　제가 주재 기간 17년 동안 만나본 일본인의 숫자를 헤아려보니 받은 명함이 3만 장이 넘습니다. 저도 그만 놀라고 말았습니다. 한 번 스쳐 지나듯이 만난 사람도 많았지만, 그만큼 수많은 사람을 만났다는 증거입니다. 물론 제가 준 명함도 3만 장이 넘었다는 뜻이기도 합니다.

　비즈니스 관계라는 것은 말 그대로 인간관계입니다. 인간관계에 의하여 성패가 좌우되는 것이 '세일즈의 세계'입니다. 정말, 눈만 뜨면 사람을 만났습니다. 각계각층의 사람을 만나고 이야기하고 타진하고 설득하고 식사했습니다.

　지금은 조금 다르게 평가할 수도 있겠지만, 30~40여 년 전 당시의 한국과 일본은 경제력이나 국제적 영향력이나 국민의 생활수준에서 부끄러울 정도로 수준차이가 너무 많이 나서, 저는 어떻게 하면 우리 나라도 일본처럼 잘 살 수 있을까, 어떻게 하면 우리도 일본인들처럼 깨끗하고 친절하고 예의 바르고 상냥한 사람이 될 수 있을까 하고 늘 생각하는 버릇이 있었습니다.

따라서 자연히 일본의 좋은 점을 많이 발견하고, 그것이 객관적으로 우리에게 도움이 되고 우리 삶을 향상시키는 데 가치가 있는 것이라면, 배우는 자세를 견지하자는 생각으로 일본인들을 상대했습니다. 이러한 생각은 비즈니스의 성공을 위해서도 필요하였지만, 우리나라 경제의 발전을 위해서도 도움이 되는 태도였습니다.

'수출입국'을 하지 않고는 국민을 먹여 살릴 방도가 없었던 한국의 입장에서, 일본은 우리나라에 자본, 기술, 원자재의 공급선 역할을 해 줄 수 있는 지리적 위치에 있을 뿐만 아니라, 또 우리나라 상품을 수입해 가는 아주 큰 판매시장의 역할을 충실히 감당해 줄 수 있는 매우 중요한 부자 나라였기 때문입니다.

그럼 일본인(일본 사람)에 관한 이야기부터 시작하겠습니다.

일본 사람은 한마디로 참으로 '업무적인 사람'입니다.

일본인은 매우 개인적이면서 동시에 매우 전체적인 사람입니다.

업무적으로 비즈니스의 관계가 있을 때에는 간이라도 떼어 줄듯이 착 달라붙어 친밀감을 표시하지만, 일의 관계가 끝나면 언제 봐 왔냐는 듯이 냉정한 표정으로 돌아갑니다. 기업 대 기업, 조직 대 조직, 업무 대 업무의 관계와는 달리, 개인적으로 느끼는 일본인의 심장은 매우 차갑고, 실리적이고, 계산적이고 그리고 냉혹했습니다. 겉으로 볼 수 없는 매서운 칼날이 그들의 심장 속에 깊이 숨겨져 있는 것 같았습니다.

우리나라 사람을 정情의 인간이라고 한다면, 일본 사람은 연緣의 인간이라고 저는 생각합니다. 그러니까 업무적 연이 끊어지면 새로운 연이 생기지 않는 한 서로 모르는 사이로 돌아갈 수 있다는 것입니다.

한 번은 동경의 긴자 사거리에서 면식 있는 일본인을 만났습니다. 우리 사무실에 자주 들렸던 사람인지라 반가움이 앞서 그쪽으로 다가갔습니다. 그러나 그 사람은 저와 틀림없이 눈이 마주쳤는데도 그냥 지나쳐 가는 것이었습니다. 처음으로 이런 일을 경험했기 때문에, 아마 무슨 급한 볼일이 있어서 그랬겠지, 하고 좋게 받아 들였습니다. 나중에 안 일이지만 그 사람은 다른 회사로 전근을 가서 우리 회사와는 이제 아무런 업무적 관계가 없는 일을 하고 있다는 것입니다. 이런 경험은 한번으로 끝난 것이 아니고 그 후에도 여러 번 같은 경험을 했습니다.

물론 아주 친하게 사귄 사람은 다릅니다. 그러나 개인적인 친밀감을 쌓을 기회가 없이, 단순히 회사 업무로 접촉한 인물의 경우, 이러한 업무적인 냉혹한 연緣으로만 연결되고 있다는 느낌을 지울 수 없었습니다. 거기에는 더 이상 가깝게 접근할 수 없는 거리감이 존재합니다.

비록 비즈니스 관계라 하더라도 자주 만나면 만날수록 깊은 정을 더해 가는 우리나라 사람들과는 판이하게 다른 일면을 보이는 일본인들의 이러한 냉혹함은 어디에서 오는 것일까요?

지구촌에서 지리적으로 가장 가까운 이웃나라이기 때문에 한국과 일본은 역사적으로 오랜 기간 상호 우호적 교류 및 왕래가 있었고, 피부색이나 생김새, 몸매도 매우 비슷하며, 언어구조와 글의 문법체계도 닮은꼴을 하고 있고, 역사적으로 불교와 유교에 뿌리를 둔 거의 비슷한 문화적 전통을 갖고 있기 때문에, 어쩌면 형제나라의 끈끈한 우애를 오래 전에 만들어 냈을 법한데도, 두 나라 사이에는 아주 깊은 골이 패어 있어서 서로 껄끄러워 하고 부담스러워 하고 있는 것이 사실입니다.

가장 큰 원인은 일본이 우리나라를 역사적으로 몇 번씩이나 침략했고, 20세기 초에는 한반도를 강점하여 식민 통치했다는 슬픈 사실에 기인할 것입니다.

그러나 그러한 역사적 사건으로부터 70여 년이 지나도록 진정한 관계 개선은 이루어지지 못하고, 아직도 서로가 서로를 이해하지 못하고 틈만 생기면 으르렁거리는, 이러한 웃지 못할 이웃나라와의 관계는 어디서 원인을 찾아야 할까요?

우선 참고적으로 중국 사람들의 성품을 먼저 고찰해 볼 필요가 있습니다.

우리가 알기에는 일본 사람들보다는 통이 크고 포용적이고 융화적이라고 이해하고 있는 또 하나의 이웃나라인 중국 사람들도 우리가 알고 있는 것과는 달리, 일본 사람들과 일맥상통하는 냉혹한 기질을 갖고 있는데, 그것은 중국 사람들도 실리적이고 계산적인 면이 매우 강한 국민성을 갖추고 있기 때문입니다.

중국인의 실용주의 사상은 덩샤오핑의 흑묘백묘론(검은 고양이든 흰 고양이든 쥐만 잡으면 된다)으로 잘 알려져 있습니다. 그리고 이 말은 덩샤오핑이 처음 한 말이 아니라 그의 고향인 쓰촨성에서 오래 전부터 쓰여 왔던 말입니다. 이는 방법이야 어떻든 목표만 달성하면 된다는 뜻입니다. 검은 것은 보통 비정규적이고 비규범적인 것, 따라서 불법에 가까운 냄새를 풍기는 대상을 가리키고, 반면에 흰 것은 규범적이면서 정규적인 것, 즉 합법적인 대상을 가리키는 것입니다. 이런 사상은 중국인 대부분이 갖고 있기 때문에 중국인을 대할 때는 기본적으로 마음속으로 각오하고 대처해야 할 것입니다.

중국인은 필요하지 않을 때는 아무 말 없이 지내다가도 무슨 일이든 필요하다 싶어질 때는 고구려 역사 왜곡과 같이, 분명하고 명확한 역사적 사실까지도 자신들에게 유리하게 다시 쓰는 일을 감행할 수 있습니다.

중국 사회는 흑과 백을 통해 겉으로 나타나는 선과 악의 대립적 이미지를 곧잘 무시합니다. 즉 필요하다면 흑백 모두를 아우르는 현실적 방법을 선택하는 경향이 아주 강합니다. 예를 들어 억울한 일을 당했을 때 사법부에 법으로 호소해서 해결하는 방법을 백도白道로 취하고, 한편 깡패집단에 부탁해 해결을 구한다면 이는 흑도黑道로 취하는 것이 됩니다.

실제로 오늘날 중국에서는 이 흑백이 잘 구분되지 않습니다. 그러한 사회적 의식이 삶의 현장에 녹아 있습니다.

예를 들면, 중국에는 흑차黑車라는 것이 있습니다. 택시면허가 없는 영업자가용차들입니다. 우리가 보기에 이상한 것은 정규택시 운전사들이 이들의 불법 영업을 격려하면서 "돈 많이 벌라."는 덕담으로 인사를 하고 있다는 것입니다. 한국 같으면 왜 불법 영업으로 우리 장사를 망치느냐고 먹살잡이가 벌어지거나 사법기관에 즉각 고발하여 처벌받도록 할 텐데, 중국에서는 그러한 일이 일어나지 않습니다.

중국에는 이러한 흑黑자 항렬이 즐비합니다. 흑점(黑店: 불법 영업을 하는 일반 가게), 흑진소(黑診所: 무면허 영업을 하는 진료소), 흑사회(黑社會: 깡패나 조직폭력 집단을 지칭) 등은 나름대로 사회기능의 일부를 담당하고 있다는 자부심마저 갖고 있습니다. 중국 경찰이 겉으로 단속에 나서고 있지만 박멸하겠다는 것이 아니라 이 '흑'자 집단과의 공존을 용인하는 분위기입니다.

중국에는 현실에 발판을 두고 여러 파트의 이해관계를 조율하면서 사회의 동력을 있는 그대로 이끌고 가려는 현실주의가 팽배해 있습니다. 이러한 점은 일본인과도 일맥상통합니다. 일본의 '야쿠자(조직폭력 집단)'를 일본 경찰이 박멸하지 못하고 있는 것이 아니라 하지 않고 있는 것과 같은 맥락입니다.

중국인이나 일본인은 명분만이 가치를 독점하는 것이 아니라 '현재 실용적'이라는 점에서 모든 것을 조율하려는 '실리주의'와 '실용주의'를 전통적으로 지켜오고 있습니다. 둘 다 '현실을 잣대의 기준'으로 삼고 적응하려는 민족성이 아주 강합니다.

그렇기 때문에 국민들은 언제나 강한 쪽, 이기는 쪽에 줄을 서 왔으며, 국가 체제에 대항하는 혁명적 기질을 역사 속에서 찾아볼 수 없습니다. 설사 부분적으로 그러한 움직임이 일어나도 대세로 발전한 사례는 없습니다.

일본인과 중국인은 실리적이고 계산적인 면에서는 잔인할 정도로 냉혹하다는 점이 일치합니다. 처음에는 명분이나 원칙을 내세우다가도, 그들이 필요한 실리를 획득하기 위해서는 원칙과 명분을 쉽사리 무시해버립니다. 이것을 이중적이라고 하여 겉 다르고 속 다르니, '일본인에 속지 말고, 중국인에 당하지 말라.'는 유행어가 20세기 초 한국 사람들 사이에서 오랫동안 나돌았던 것입니다.

바로 이러한 본성의 차이 때문에 우리나라 사람들은 일본 사람들을 가슴 깊이 보듬어 안을 수 없고, 또 중국 사람들을 가슴을 열고 따뜻하게 끌어안을 수 없는 것이지요.

한국인에게는 일본인과 중국인이 부담스럽고 버거운 사람들임에 틀림없습니다. 아니 지구촌에 살고 있는 인류 중에서 가장 서로 닮은 외양을 하고 있으면서 어쩌면 이토록 서로 다른 내면적 기질을 가지고 있는지 그 이유가 정말 궁금하지 않을 수 없습니다.

이러한 것은 일본이 잘 되는 것, 중국이 잘 되는 것에 박수를 치지 못하고, 질투나 시기심이 드러나는 우리나라 사람의 일부 편협적인 국민성과 무관하지 않습니다. 이 말을 다른 말로 하면 궁합이 안 맞는다고 할 수 있겠지요.

물론 글로벌 마인드가 제고된 오늘날에는 이웃나라의 발전에 박수를 보내며 격려하는 열린 마음을 가진 한국인이 상당히 많아졌다는 사실을 간과해서는 안 됩니다.

그래도 어쨌든 우리나라 사람들은 시기심이 많습니다.

그 원인은 어디에 있을까요?

왜 우리나라 사람은 일본, 중국이 잘 되면 배가 아플까요?

지구촌에서 외모가 가장 닮았고 문화적 전통 또한 가장 비슷한 동북아시아 3국의 사람들이 이렇게 서로 다른 특질을 가지게 된 근본 이유는 무엇일까요?

저는 그 원인을 한국인, 일본인, 중국인의 '개인철학 및 사회사상과 종교의 차이'에서 발견합니다.

두 말 할 필요 없이 '철학'은 그 나라의 개인을 지배하고, '사상'은 그 나라의 사회를 지배하며, '종교'는 그 나라의 민족과 역사를 지배합니다.

따라서 철학, 사상, 종교에서 한국인은 일본인과 다르고 중국인과도 다릅니다. 때문에 아주 장구한 날에 걸쳐 이러한 차이를 서로 이해하고 동일시할 수 있도록 3국 간에 넓고 높은 차원의 비교 교육이 체계적이고 통합적이고 전체적으로 이루어지기 전에는 이러한 부담감과 버거움이 앞으로도 계속되지 않을까, 그렇게 염려하고 있습니다.

그럼 먼저 종교관의 차이점을 관찰해 보기로 하겠습니다.

지구촌의 4대 종교에는 기독교, 이슬람교, 힌두교, 불교가 있습니다. 기독교와 이슬람교는 서양의 역사를 지배해 왔고 힌두교와 불교는 동양의 역사를 지배해 왔습니다.

또 하나, 세계 4대 종교는 아니지만 동양 역사에 큰 흔적을 남기고 동북아시아 3국인 한국인, 일본인, 중국인의 삶에 크게 영향을 끼친 도교와 유교가 있습니다. 그중에서 유교는 원시유학에서 신유학의 진화로 동북아시아인들의 일상적 삶에 녹아들었습니다.

종교학자들은 유교를 공자와 제자들이 집대성한 인류를 위한 위대한 교육철학 및 정치철학으로 규정하고 종교의 범주에서 제외하는 관점도 있지만 여기에서는 편의상 유교라고 이야기를 진행하겠습니다.

유교사상은 '인덕仁德'과 '인본주의'로 이상사회를 이루려는 도덕사상으로 탄생하였습니다. 한때 공자가 가르친 제자 수가 3천 명에 이르는 세를 이루었으나 춘추전국시대의 제자백가들의 다양한 주장에 눌려 있다가 맹자에 의하여 도덕학으로 확립되었고 순자에 의하여 과학성이 가미되면서 교세가 크게 일어난 사상입니다.

맹자는 인의仁義와 그 기초가 되는 성선설性善說을 강조하였습니다. 인간의 본성은 선한 것이므로 인간의 본분이란 선성을 길러내고 강화해야 한다는 것이 맹자사상의 핵심입니다.

한편 맹자는 어질지 않는 임금은 백성이 몰아낼 수 있다고 주장하여 군주(왕)들로부터 배척을 당하였지만, 맹자의 이러한 혁명적 사상은 정치론으로 확립되어 유교의 정통사상으로 계승되었습니다.

순자는 공자와 맹자의 도덕을 기초로 하면서도 사람은 타고난 본성이 악하다고 강조하여 성악설性惡說을 내세웠습니다. 본래의 악한 인성을 그대로 두면 인간사회는 살육과 쟁탈로 어지러워지므로, 인위적으로 법과 규율을 만들어서 이것을 바로 잡아야 한다는 것이 순자 사상의 핵심입니다. 사람의 인격적 수행은 사람의 심성을 선으로 보아 그 선을 발전시키는 것이 아니라 인간의 심성을 악으로 보고 예禮와 법法의 형식을 정하여 외부로부터 후천적으로 쌓아 올려 내부의 악을 적극적으로 제거해야 한다는 주장이었습니다.

순자는 임금이 어질지 않다고 몰아내어야 한다는 맹자와 반대로 천天은 천이고 인人은 인이라고 분리하여 천으로부터 오는 임금은 바꿀 수 없다고 주장하였습니다.

맹자가 덕德을 숭상했다면, 순자는 예禮를 숭상했다고 할 수 있습니다. 덕은 '대의명분'을 낳고, 예는 '범절 형식'을 낳습니다.

대한민국이 '대의명분'의 나라라면 일본은 '범절 형식'의 나라입니다.

이렇게 맹자와 순자의 사상은 유교 발전을 일으킨 두 기둥 역할을 하였지만 그 사상의 내용은 기본적이고 본질적인 면에서 다른 점이 있습니다.

그리고 유교를 받아들인 기본 입장에서 한국과 일본은 명백하게 차이를 보이고 있습니다.

이 점은 매우 중요한 이야기입니다.

한국은 맹자의 성선설을 기본적으로 하는 본질적 '공맹사상의 유교'를 받아들였고, 일본은 순자의 성악설을 기본적으로 후천적 예와 법에 무게를 두는 '공순사상의 유교'를 선택하여 받아들였던 것입니다.

우리나라의 역사에는 신하들이 임금을 갈아치우는 성공한 역성혁명도 있었고 또 그것을 백성을 위해 필요한 일로 합리화하기도 했습니다. 그러나 일본 역사에서는 신하들이 임금을 갈아치운 적은 한 번도 없었습니다. 한국에서는 임금의 덕을 중심으로 치국하는 인치人治주의가 뿌리를 내린 반면, 일본에서는 예와 규범이 사회를 지배하는 법치法治주의가 일찍이 뿌리를 내렸던 것입니다.

중국을 보면 북방인의 맹자사상과 남방인의 순자사상이 공존하면서 어느 한쪽으로 완전히 치우친 것이 아니라 그때의 실리에 따라 어느 지역에는 역성혁명이 성공하기도 하고, 어느 지역에는 어질지 못한 임금이라 할지라도 전자의 전통을 그대로 이어받아 온 역사가 공존하여 왔습니다. 지역적으로 북방지역은 맹자사상이 주축을 이루었고, 남방지역은 순자사상이 맥을 이어온 것입니다.

그런데 근세의 중국정치의 지배세력은 순자사상이 주축을 이룬 남방지역 출신이 정권의 지배세력으로 등장해 왔습니다. 따라서 자연히 국가의 기본 운영정책도 일본과 마찬가지로 순자사상이 주축을 이루게 되었습니다. 마오쩌둥, 덩샤오핑, 장쩌민, 후진타오, 시진핑으로 바통이 이어진 중국의 최고 지도자는 모두 남방출신이라는 공통분모를 갖고 있습니다.

중국은 아시다시피 20세기 초반에 공산주의 이념이 도입되어 정치사상으로 자리 잡았고, 이어서 거세게 일어난 신문화 운동(홍위병의 문화혁명)을 통하여 공자를 부정하고 전통문화를 단절시키는 뼈아픈 역사적 경험이 있습니다. 즉 1960년대 중반부터 1970년대 중반까지 10

여 년 간 계속된 문화혁명으로 전통적 유교의 대의명분과 상하질서가 완전히 파괴되는 과정을 밟았기 때문에, 심지어 부모자식 간에 남아 있던 오랜 전통적 정情의 문화도 상당 부분 말살되었습니다.

오늘날의 중국은 정情의 문화보다 예禮의 문화 ― 순자의 예 사상에 따른 실리적이고 형식적인 법의 문화를 지칭하며 맹자가 말한 예와 다름 ― 에 더욱 가깝습니다. 따라서 중국인도 일본인처럼 정情의 인간이라기보다 연緣의 인간이라는 생각이 듭니다.

한국인은 정에 살고 정에 죽습니다. 우리나라 사람에게는 정의 문화가 농축되어 있습니다. 인정의 문화가 가지고 있는 전통적 가치관은 도덕 숭상과 명분 제일주의에 그대로 녹아 있습니다. 때문에 법보다는 도덕을, 실리보다는 명분에 무게를 둡니다.

그러나 중국인, 일본인에게는 도덕보다는 법, 명분보다는 실리가 더욱 무게 있는 가치로 자리 잡고 있는 것입니다.

"그래, 이제 법대로 해!"

우리나라에서 누가 이런 말을 하면, 그것은 끝장이라는 뜻이고 파국이라는 의미를 가지게 됩니다. 우리나라에서 '법대로 하자.'는 말은 대화와 타협으로 문제가 해결되지 않으니, 끝까지 싸우자는 의미로 통합니다. 그러니까 이제 원수지간이 된다는 의미이지요.

실제로 법무부에서(2005년 5월) 중고교생을 상대로 법의식을 조사한 결과 51%에 해당하는, 즉 과반수가 넘는 학생들이 '법대로 해결하자.'는 말을 들을 때 몰인정하고 비인간적이고 불쾌하다는 느낌을 받았다고 대답하였습니다. 법치주의가 필요한 사회에 살고 있으면서, 법치

사회에서 태어나고 정규교육을 받은 청소년들까지도 법을 불쾌한 잣대로 생각하고 있는 것입니다. 이것은 법에 대한 부정적 의식이 강하다는 것을 단적으로 나타내고 있는 증거입니다.

현대 사회는 사람이 태어나면 법에 따라 출생신고를 하고, 죽으면 법에 따라 사망신고를 해야 하는 것처럼, 법은 우리 삶의 시작부터 삶의 끝까지 따라다니면서 함께하고 있습니다.

그런데도 우리나라의 법에는 인간의 기본 권리보다는 의무와 강제를 부각하는 규정이 많고, 법에 대한 부정적 사례 ─ 법의 집행이 권력, 돈, 명성에 약한 모습을 보이고 고무줄처럼 늘어났다가 줄어들었다가 하는 식의 ─ 를 자주 발견하다 보니, 법을 불신하는 국민의식이 고착된 것이지요. 심지어는 법을 잘 지키면 바보가 되고, 법을 잘 피해 나가면 똑똑하다는 식의 법에 대한 피해의식이 팽배해 있는 것입니다.

오늘날 대한민국은 법치국가입니다. 법은 최후의 보루이고, 모든 국민이 법에 의지하고 삶을 영위하는 것은 마땅한 일이고, 또 법에 의지하는 것이 가장 마음이 편해야 하는데, 오히려 법을 상서롭지 못한 벌레 보듯 하고, 법을 피하는 것이 상책이라는 국민정서를 가지고 있다면, 이러한 국민의식은 법치국가를 건설하는 데 장애가 되는 것입니다.

이러한 이율배반적인 현상이 우리 사회에서 불식되지 못하고 계속 이어지고 있는 이유는, 법을 만들고 법을 집행하는 위정자들이 국민 누구에게나 평등한 '법치적 마인드'를 가지고 있는 것이 아니라, 오히려 권력을 가지고 있는 자기 자신만은 법에 무관하고 예외라는 '인치적 마인드'를 가지고 있기 때문일 것이라고 지적하지 않을 수 없습니다.

이렇게 보면 우리나라는 동북아시아 3국 중에서도 '공맹사상'의 영향을 가장 많이 받았고, 그것을 국가운영의 기본철학으로 받아들여 사회적 정체성으로 체질화한 나라임을 알 수 있습니다.

조선왕조는 개국과 더불어 나라의 기본헌법으로 경국대전을 제정하고 유교를 국교로 발전시켜 사회의 기본규범으로 삼았습니다. 조선은 '공맹사상의 유교'에 관한 한 종주국 같은 지위를 갖게 되었고, 5백 년이 넘는 긴 세월을 지도자의 덕을 숭상하는 '인치정치'의 사상을 근간으로 정치체제를 구축해온 것입니다.

우리나라 고사서인 『삼성기三聖記』는 이렇게 전해 줍니다.

"역사가 시작되기 이전에, 우리 민족의 시조인 천제한님天帝桓因이 파나류산波奈留山 밑에 나라를 세우셨다. 그 나라는 천해天海의 동쪽 땅에 있었다…."

천해는 바이칼의 또 다른 이름이니까, 최초의 우리나라는 바이칼호 동쪽에 있었다는 말입니다.

또 조선 중종 때 선비 이백李柏이 쓴 환국본기桓國本紀는 이렇게 전해 줍니다.

"옛날에 한님이 계셨으니, 하늘에서 내려 오시사, 천산天山에 사시면서 천산에 제사 지내시고, 백성에겐 목숨을 정하시고, 모든 일을 두루 다스리시며, 들에 사시매 곤충과 짐승의 해독이 없어지고, 무리와 함께 행하시매 원한을 품거나 반역하는 무리 또한 없어졌느니라. 친

하고 멀다 하여 차별을 두지 않았고, 위 사람과 아랫사람이라 하여
층하를 두지 않았으며, 남자와 여자의 권리를 따로 하지 않았고, 늙은
이와 젊은이의 일만을 구별했으니, 이 세상에 법규가 없었지만 계통
은 저절로 성립되어 순리대로 잘 조화되었도다. 질병을 없게 하고 원
한을 풀며 어려운 자를 일어나게 하고 약한 자를 구제하니, 원망하거
나 일부러 어긋나게 하는 자 하나도 없었도다."

이 환국본기의 서두는 '바이칼 동쪽에 세운 남북이 5만 리, 동서가
2만 리에 이르는 천제한님의 나라가 있었으니…'라고 적고 있습니다.

여기서 잠시 이야기의 줄기를 바꾸어서, 아시아 대륙의 서쪽 끝, 실
크로드의 종착역에 있는 터키라는 나라의 이야기를 좀 하겠습니다.

제가 터키에서 느낀 충격은 대단한 것이었습니다. 지구촌에서 이렇
게 먼 나라가 이렇게 한국과 문화적 기저가 닮을 수가 있을까 하는
생각으로 흥분을 감추지 못했습니다.

우선 터키인은 우리나라 사람들처럼 매우 솔직하고 직선적입니다.
이런 점은 이웃나라 인 일본인과 중국인에게서는 찾아볼 수 없는 성
격입니다. 일본인과 중국인은 표현방식에서 형식적이고 이중적인 다
면성을 가지고 있는 것이 일반적입니다.

이런 점에서 흥분 잘하고 화끈하고 솔직하게 털어내 버리는 속성을
가진 한국인은 상담을 할 때, 일본인과 중국인들보다 성질이 급해서,
자신의 내부적 비밀스런 입장은 물론 마지막까지 숨겨야 할 카드까지
먼저 솔직하게 드러냄으로써 결과적으로는 실질적인 손해를 감수하
면서 성사된 국제 상담이 많이 있었던 것이 사실입니다.

우리 정부의 외교관들도 중국인과 일본인 외교관들을 상대할 때, 상대방의 이러한 특징을 사전에 잘 인식하지 못하고, 단견으로 너무 성급하게 추진하여, 국익에 맞는 성공적 수준의 통상교섭을 추진할 수 없었던 실패한 경험을 갖고 있습니다.

제가 발견한 한국인과 터키인의 공통점 몇 가지를 들어 보겠습니다.

첫째, 부모를 지극히 공경합니다.

둘째, 학교의 1년 선후배도 지독하게 따집니다.

셋째, 어머니 앞에서는 응석부리고 아버지 앞에서는 담배도 피우지 못합니다.

넷째, 어른을 찾아 뵐 때는 돈을 빌려서라도 뭔가 사 들고 갑니다.

다섯째, 먹는 습관도 한 그릇에 들러 앉아 숟가락으로 같이 떠먹습니다.

여섯째, 남에게(특히 외국인에게) 가식 없는 호의를 베풉니다.

일곱째, 할아버지, 할머니를 한 울타리 안에 모시고 사는 대가족 제도가 확립되어 있습니다.

여덟째, 남편이 가장의 권위를 가지지만 부인이 실질적인 보스 역할을 합니다.

아홉째, 촌락은 적당히 산으로 둘러싸여 있고, 장터길, 논두렁길은 영락없는 한국의 옛 정서 그대로입니다.

이외에도 많이 있지만 우선 눈에 보이는 것 중에서 몇 가지 예를 들었습니다.

상고시대 중앙아시아 바이칼호 어느 곳에서 하나의 종족이 서쪽으로 가면서 인종적으로 점점 서양화되어 오늘의 터키인이 되었고, 동쪽으로 떠나간 사람들이 동양화되어 오늘의 한국인이 되었지 않았나 하는 생각이 들 정도입니다.

한국어와 터키어는 우랄알타이어라는 동일어족에 속해 있습니다. 터키어와 한국어는 기본문법구조가 같으며 오늘날까지 공통어휘도 상당수 남아 있습니다.

우리 민족과 인종의 뿌리가 동일하고 언어와 전통문화의 동질성이 있는 나라로서, 하나는 아시아대륙의 동쪽 끝에 한국이 있고, 또 하나는 서쪽 끝에 터키가 있다는 사실이 참으로 신기하다는 생각이 들기도 합니다.

저에게 이스탄불만큼 문화적 감명을 깊이 준 곳은 아직 없습니다.

그 도시는 종교적 역사의 색깔로 점철되어 있었습니다. 그리스의 도시국가였던 메가라의 통치시절에는 '비잔치움'으로 불렸고(BC 657), 동로마제국의 수도로 번영했을 때는 '콘스탄티노플'로 불렸으며(AD 330), 오스만제국의 통치자 매흐메드 2세에 의해 '이스탄불'이라는 칭호를 얻었고(AD 1453), 터키공화국 수립자인 무스타파 캐말 아타튀르크가 수도를 앙카라로 옮기면서 '이스탄불'이라는 공식명칭을 사용하게 된 (AD 1930) 환상적인 도시.

이스탄불은 인류문명사의 박물관이라고 불러도 좋을 것입니다. 거기에는 그리스문명, 로마문명, 기독교문명, 이슬람문명이 차곡차곡 누적되어 있습니다.

그런 곳의 대표적인 건물 중 하나가 성소피아 사원(성당)입니다. 유스티니아누스 황제는 대로마제국의 영화를 복원하기 위하여 위대한 성소피아 성당을 지었는데, 여기에 쓰인 대리석 기둥 36개는 그리스의 아르테미스 신전에서 가져온 것입니다. 그리스의 신전에 있는 대리석 기둥을 통째로 뽑아다가 그 먼 길을 옮겨서 건축재로 사용한 용기와 오만함은 로마의 황제가 아니면 엄두를 낼 수 없는 일이 아니었을까요?

그런데 지배자의 오만함을 드러낸 일은 그 후에도 계속되었습니다. 콘스탄티노플을 정복한 메흐메드 2세는 이 위대한 가톨릭 성당을 위대한 이슬람 사원으로 개조시켜버립니다. 건물을 허물어 다시 짓는 것이 아니라, 찬란한 성화 위에 석회칠을 하고 그 위에 또 하나의 찬란한 이슬람문양을 다시 그려 넣은 것입니다.

그 후 성소피아 성당은 600여 년 동안 이슬람의 성전으로 사용되어 오다가 1935년부터 박물관으로 전환되었습니다. 지금은 아래층의 일부 회칠을 벗겨내어 옛 비잔틴 성화의 모습을 일부만이라도 볼 수 있도록 하였기에 두 종교의 상징들이 같은 벽면에서 관람자들을 맞이하고 있는 것입니다.

우리나라와 일본의 종교관의 차이점을 관찰하려다 보니 자연히 종교 이야기를 하게 되었고, 또 이를 실마리로 아시아대륙 서쪽 끝에 있는 터키 이야기까지 하게 되었습니다. 다시 이야기의 무대를 일본으로 옮겨 보겠습니다.

일본은 백제에 의하여 전달된 불교의 영향을 크게 받은 나라입니다. 불교 중에서도 남방계의 소승불교가 아닌 북방계의 대승불교의 영향을 대부분 간직하였고, 특히 불교의 정토교파가 크게 발달하였습니다.

대승불교는 부처 이외에도 많은 보살을 섬기는데 관음보살, 지장보살, 월광보살, 문수보살, 보현보살, 미륵보살 등 그 수가 많습니다. 부처와 보살들이 사는 나라를 불국토 또는 정토淨土라 하고 수많은 정토 가운데 극락정토에 사는 부처를 아미타불(무량수)이라 하여 자애롭고 자비로운 불심의 상징으로 여깁니다.

일본인은 죽으면 모두 불교식으로 장례를 치릅니다. 살아있는 동안은 유교식 예법에 철저한 생활을 하다가 죽으면 장례를 불교식으로 치르는 것이 일반화되어 있습니다.

그러나 태어나서 첫나들이는 유교식도 아니고 불교식도 아닌 신도神道식으로 하고 있습니다. 그래서 모든 신생아는 어머니의 품에 안겨서 신사神社로 가서 신에게 신고식을 하는데 이것을 일본말로 '진자 마이리(신사참배)'라고 합니다.

그 후에도 3세, 5세, 7세가 되는 생일날, 20세로 성인이 되는 날, 배우자를 찾아 결혼한 날에는 반드시 신사에 가서 신고식을 거행하고, 매년 정월초하루(양력으로 신년원단)와 조상의 기일, 중요한 기념일에도 '진자 마이리'를 빼놓지 않습니다. 이것은 일본인의 일상생활이 되어 있습니다.

이쯤 되면 일본인의 종교관을 눈치 챌 수 있으시겠지요.

일본인의 종교는 신도神道입니다. 그리고 신도를 신앙하는 곳이 신사입니다.

신도는 메이지明治유신 이래 국가적 행사에 공식 도입되었으므로 일본의 국교인 셈입니다.

모리(森) 전 수상이 의회에서 일본은 '신의 나라'라고 말한 일이 있을 정도로, 신도와 일본인을 분리하여 생각할 수는 없습니다.

일본인은 사람은 죽으면 모두 신이 되고, 신사에 가서 신을 공경하면, 신이 산 사람을 보살펴 준다는 단순한 신앙을 가지고 있습니다. '산 사람은 신을 공경하고, 신은 산 사람을 보살펴 준다'라는 단순한 표어가 신사의 기둥 여기저기에 붙어 있는 것을 쉽게 발견할 수 있습니다.

일본의 수상은 1년에 몇 번씩 '진자 마이리'를 하고 있습니다. 일본의 국회의원들이 국가적 기념일에 단체로 '진자 마이리'를 하고 있다는 것은 보도를 통하여 널리 알려져 있는 사실입니다.

세계에서 가장 큰 개신교 교회 다섯 개가 모두 한국에 있다는 통계가 있는데, 세계에서 기독교의 포교가 가장 어렵고 활동이 미미한 곳이 일본이라는 나라입니다. 물론 일본에도 교회, 성당이 있어서 기독교 신자가 없는 것은 아니지만 극히 적은 것이 사실입니다.

한국은 불교, 유교, 도교, 기독교의 나라인데 비교하면(오늘날에는 기독교는 한국 종교사회의 주류를 이루고 있습니다) 일본은 불교, 유교, 도교, 신도의 나라입니다.

그러나 일본인 누구에게 물어봐도 자신이 불교도라거나 유교도라고 공언하는 사람은 없습니다. 그들은 비록 불교식, 유교식의 생활은 하고 있지만 종교의식은 '신도로 통일'되어 있는 것입니다. 즉 종교를 수입하여도 일본식으로 고쳐서 토착 신앙에 접목을 시켜 '신도'를 새롭게 만들어 낸다는 것입니다.

이것은 매우 중요한 이야기입니다.

우리나라에도 전통·신앙인 단군교가 있고, 그 후 민족종교가 다양하게 발달하여(천도교, 대종교, 증산교 등) 왔지만, 해외의 종교가 들어오면 우리의 전통·신앙에 접목을 시키는 것이 아니라, 그 종교의 교리를 그대로 받아들여 불교면 불교, 기독교면 기독교 교리를 신봉하는데, 일본은 완전히 다르게 수입한 종교를 전통적 일본식 혼에 접목시키는 방법을 택한 것입니다.

일본인이 믿는 '신도'에는 형식상 유교, 불교적 요소를 취사선택한 면이 많이 발견됩니다.

그러나 '신도'는 일본의 건국신화에 뿌리를 두고 있기 때문에, 극히 일본적이고 일본 국민이라야만 이해할 수 있는 특별한 종교입니다.

이렇게 종교관에서 한국인과 일본인은 근본적인 차이가 있습니다.

일본 사회가 질서정연하고 일사불란하고 안으로 똘똘 뭉쳐져 있는 것 같은 인상을 주는 이유는, 모든 국민의 정신적 가치관의 동일시에서 찾아볼 수 있을 것입니다.

그럼 일본인의 사상관은 어떠할까요?

정치적·경제적·사회적·문화적으로 볼 때 일본인은 '순자사상'을 주축으로 체질화되어 있고, 순자사상이 일본인의 일상생활에 그대로 반영되어 있는 반면, 한국인은 '맹자사상'이 기본으로 체질화되어 한국인의 생활 태도를 구축하고 있습니다.

일본에서는 '군주도 갈아치울 수 있다.'는 맹자의 혁명적 발상이 못마땅하여 오랫동안 맹자에 관한 책은 금서로 취급되었고, 한반도를 통하여 많은 사상서적들이 건너 갈 때도 맹자의 책은 가려서 현해탄에 버려졌다고 전해지고 있습니다.

맹자에게 있어서 천天이란 초월적이고 선비적이고 권위적인 것이 아니었습니다. 그는 천天이란 민의이고 백성의 뜻으로 보았습니다. 그렇기 때문에 천자나 임금이라 하더라도 백성의 삶에 도움을 주지 못한다면 갈아치울 수 있다고 생각했습니다.

뿐만 아니라 그는 당시 농경사회에서의 하느님이었던 사직도 바꾸어버릴 수 있다고 했습니다. 이는 부처를 믿다가 예수를 믿을 수 있고, 야훼를 믿다가 알라를 믿을 수 있고, 알라를 믿다가 부처를 믿어도 아무 상관없다는 자유사상관으로, 다만 백성만은 절대로 갈아치울 수 없는 존재로 인식하였던 것입니다.

철학적인 입장에서 개인의 분별, 선택, 판단의 기준에서 볼 때, 두 나라 사람들은 극명한 차이를 보이고 있습니다.

한국인이 명분을 숭상하고 과거사를 잊지 않고 따지고, 원칙을 소중하게 생각하는 명분파라면, 일본인은 명분보다는 실리와 실용을 중시하고, 원칙보다는 현실적 계산을 더 따지며, 과거사보다는 현재의 입장을 더 중요시하는 '실용파'임을 알 수 있습니다.

여기까지 살펴본 결과를 종합해 보면, 한국인과 일본인은 역사를 지배하는 '종교적 측면'이 다르고, 사회를 지배하는 '사상적 측면'이 다르고, 또 개인을 지배하는 '철학적 측면'이 매우 다르다는 것을 발견할 수 있습니다.

우리는 이렇게 서로 판이하게 다른 양국 간의 '기본적 토대의 차이점'을 올바르게 인식할 필요가 있습니다. 그리고 그것을 바탕으로 일본 사회의 표출된 현상을 알아보는 것이 일본을 이야기하는 데 매우 적절하고 이해하기 쉬운 수순이라고 생각합니다.

일본인들은 물상을 표현할 때, 우리나라 사람들과는 상당히 다른 표현방법을 씁니다.

한국인은 대륙에 붙어 있는 반도라 그런지 전국을 표현할 때 방방곡곡坊坊曲曲이라고 하는데, 일본은 섬나라라서 그런지 진진포포津津浦浦라고 부릅니다. 해안선을 따라 전국이 나루이고 물가이기 때문에 생겨난 표현입니다. 기차가 철길을 따라 달릴 때 내는 소리가 칙칙폭폭인데 진진포포를 좀 세게 발음해 보면 비슷하지요. 물론 일본어 발음은 '쓰쓰 우라우라'이지만 한자로 쓰고 우리말로 읽으면 그렇게 발음된다는 말입니다. 그래서 우리나라의 어린이 책에 종종 나오는 기차가 달릴 때 내는 소리인 '칙칙폭폭'은 일제 강점기에 여기에서 기인한 단어발음을 사용하였다는 유머가 생겨났습니다.

말의 표현법에도 우리와는 다른 표현이 발달되어 있습니다.

가게가 문을 닫았을 때 걸려 있는 안내판은 '준비 중'으로 표시하고(우리 식으로는 영업종료, closed), 화장실이 고장이 났을 때는 '수리 중(우리 식으로는 고장)'으로 표시합니다. 우회적인 말이지만 부정적인 표현보다는 긍정적인 표현을 잘 쓰고 있습니다.

이러한 표현은 서양에도 없는 것으로 일본 나름의 독특한 표현 방법이라 할 것입니다. 이는 상대방을 배려하면서 자기체면을 유지하려고 하는 일본인 특유의 국민성을 보여주는 것이라고 할 수 있습니다.

술 마시는 음주법은 우리나라와는 판이하게 다릅니다.

음주를 할 때 소주나 양주를 물에 타서(水割, 미즈와리) 마시는 습관을 가진 민족은 아마도 지구촌에서는 일본인밖에 없을 것입니다.

우리나라는 옛날 시골에서 농부들이 품앗이를 할 때 막걸리가 좀 모자라면 물에 타서 휘저어 나누어 준 경우는 있어도, 양주나 소주를 물에 타서 마시는 것을 이해할 수 있는 사람이 없을 것입니다.

또 밥상을 차릴 때 수저를 놓아야 하는데 일본은 숟가락이 없고 젓가락만 있습니다. 우리나라는 숟가락과 젓가락이 세트로 놓이는 것이 기본이지요. 놓는 방법 또한 완전히 다릅니다. 한국은 '세로'로 놓는데 일본은 '가로'로 놓아야 합니다.

일본은 국이나 탕, 찌개 등을 한 사람 분씩 따로 차려서 먹습니다. 일본인들은 큰 그릇에 보글보글 끓는 국이나 탕 등을 식탁 가운데 놓고 여럿이 같이 떠먹는 우리나라 사람을 보면 이상하게(속마음으로는 비위생적이라고) 생각합니다.

음식 맛은 한국은 어느 정도 맵고 짜게 먹는데, 일본은 싱겁고 달착지근하게 먹습니다. 또 한국은 뜨겁게 먹는 반면, 일본은 미지근하게 먹습니다.

술잔을 채우는 예법은 더욱 다릅니다.

한국인은 자기 잔을 먼저 다 마셔서 비우고, 그 잔을 상대방에게 주어 술잔을 가득 채워주는 것이 주법의 기본인데, 일본은 술잔을 건네주는 법은 없고, 상대방의 술잔에 자꾸 첨잔해 주는 것을 예의로 생각합니다. 술에 자신 있는 사람은 술을 마시면 마시는 대로 첨잔을 받을 수 있고, 술이 약한 사람은 술잔에 입술만 대다가 그냥 두면 술잔이 차 있는 한, 첨잔을 해 주지 않습니다. 더 마시라고 무리하게 권하지도 않지요. 근본적인 차이는 술잔을 주거니 받거니 하지 않는다는 것입니다. 술잔을 돌리는 한국식 음주법을 보고 일본인은 이해할 수 없다고 합니다. (혹 간염이라도 옮기는 것이 아닌가 하고 또 마음속으로만 비위생적이라고 생각합니다.) 술도 음식인데 자기가 먹을 수 있는 만큼만 마시도록 개인차를 존중하는 것이 일본식 주법입니다.

이러한 주법은 따지고 보면 일본식이 아니고, 원래는 중국식이라고 말해야 맞을 것입니다. 왜냐하면 중국인들은, 술은 자기의 술잔만으로 마시고, 또 술잔을 비우지 않는 한 더 마시지 않아도 되기 때문입니다.

중국인들은 술자리에서 일어설 때 대부분이 잔에 가득 찬 술잔을 그대로 둔 채 일어서는 것을 예의로 생각합니다. 옛날에는 손님이 마시지 않고 남긴 술잔을 기다리는 하인들이 많았기 때문에 술을 남겼다고 하는데, 그런 전통이 남아서 아직도 계속되는 모양입니다.

말의 표현에 관해서 한 가지 놀라운 것을 빠트렸네요.

일본어에는 '쌍욕'이 없다는 것이 의미심장합니다. 대표적인 욕이라 해 봤자 바보, 짐승 같은 사람(놈)이라고 하는 것입니다. 우리나라나 미국에서 사용하는 뭐할 놈, 뭐할 새끼 같은 표현이 없습니다.

욕은 일단 입 밖을 나가버리면, 다시 거두어들일 수 없습니다. 비단

욕뿐만 아니라, 말은 한 번 떠나면 다시 주워 담을 수 없는 것이지요.

일본과 같이 공동체의식, 국민적 전체성을 중요한 덕목으로 여기는 사회에서는, 이웃이나 다른 사람에게 마음의 상처를 깊이 줄 수 있는 욕이 발달할 수 없었다고 분석하는 언어학자도 있습니다.

한국인들은 길거리를 가다가 서로 신체적 접촉이 있는 경우도 종종 있는데 일본인들은 가까운 사이라도 신체적 접촉을 싫어합니다. 친구끼리라도 어깨동무하거나 톡톡 치거나 서로 뒤엉키는 것을 가급적 피합니다. 우리나라 사람 입장에서는 참 이상한 태도라고 하지 않을 수 없습니다.

이는 일본의 상류계급이었던 사무라이 사회에서 생겨난 습관으로, 모두가 칼을 차고 다녔으므로 몸을 부딪친다는 것은 상대방의 칼을 빼앗을 때 필요한 행위라고 생각할 수 있기 때문에, 그러한 오해를 불식하기 위한 배려에서 나온 것이라고 합니다.

지금까지는 일본에서 생활하면서 눈에 보였던 표피적인 관찰 내용을 몇 가지 말씀드렸습니다. 지금부터는 눈에 보이지 않는 정신적인 면, 정서적인 면, 문화적인 면에 관해서 살펴보기로 하겠습니다.

일본은 예로부터 무사사회로 무武를 중히 여겼습니다. 그래서 '사무라이정신'이 일본 사회 조직의 중심사상으로 자리 잡고 있습니다.

한국은 선비사회로 문文을 중히 여겼고, 그래서 '붓의 사회'라는 이미지를 구축했다면, 일본은 '칼의 사회'라는 이미지를 만들어 낸 것입니다.

한국인은 덕도德道를 왕도王道로, 즉 최고의 가치로 여겨왔습니다.

따라서 위정자의 덕치德治를 그 어느 것보다 상위의 개념으로 우위에 두어 왔습니다.

이와는 달리, 일본인은 패도覇道를 국가의 중심축으로 삼았습니다. 따라서 지도자의 법치法治를 그 무엇보다 상위의 개념으로 우위에 두어 온 나라입니다.

2차 세계 대전의 패배에 따른 미군의 상륙이 있기 전에는, 역사상 한 번도 외침을 받지 않았던 일본이, 오히려 내부적으로는 무를 숭상하여 '칼의 사회'를 만들고 사무라이정신을 길러 왔는가 하면, 5천 년 역사에 천 번이 넘는 외침을 받은 기록을 갖고 있는 한국이 오히려 문을 숭상하여 '붓의 사회'를 구축하고 선비정신을 길러왔다는 정반대 되는 역사적 사실이 매우 흥미롭습니다.

일본은 같은 섬나라인 영국처럼 아직도 왕실이 존재하고, 상징적이긴 하지만 왕이 국가의 최고 권위자로 군림하고 있습니다. 그리고 일본의 국교라 할 수 있는 신도의 최고 지도자의 위상(종교의 최고 지도자)도 왕이 유지하고 있습니다.

잘 아시는 바와 같이 일본인은 그들의 왕을 '텐노(天皇: 천황)'라고 부릅니다. 712년에 편찬된 일본의 역사책인 고사기古事記에 의하면 '텐노'는 태양신 아마테라스의 자손으로 일본신화의 최고 원조로 표기되어 있고, 민족 신앙인 신도의 최고 우두머리로서 국가의 상징인 동시에, 종교적 최고지도자로서의 의미를 가집니다.

일본인의 일사불란성과 국가사회적 질서의 정연성은 이렇게 '텐노'로부터 기인하여, 모든 국민들에 이르기까지 하나의 동아리로 엮어져 있습니다.

따라서 2차 세계 대전의 패전 때까지는 일본의 왕은 국민으로부터 신神 의 대접을 받아 왔습니다. 패전 직후 '쇼와 천왕'의 대국민 방송에서 '짐은 신이 아니다.'라는 점을 특히 강조하여 선언한 점을 보아도 알 수 있는 대목입니다. 그 당시에 대부분의 일본인은 천왕을 사람으로 여기지 않고 신으로 떠받들었기 때문에, 일본에 상륙하여 미군정청의 최고사령관으로 있었던 맥아더 장군은 일부러 천황을 TV에 나가게 하고 지방 나들이도 자주 하도록 조치하였던 것입니다. 국민들과 자주 접촉하게 하여 천황이 신이 아닌 일반 국민과 똑같은 사람이라는 것을 인식시켜줘서 일본인의 맹목적인 천황신앙을 깨부수기 위한 전략적 조치였습니다.

여하튼 일본은 최고지도자를 신성시하여 섬기고 떠받들면서, 살아도 같이 살고 죽어도 같이 죽자는 섬나라 민족의 특성을 갖게 되었습니다.

지방의 토호 세력가들끼리는 자기 세력을 넓히기 위하여 권력을 다투는 싸움이 많았는데, 지방의 영주(다이묘)들은 자신들의 휘하 백성을 칼로 보호하고 또 다른 영주들을 칼로 무찌르기 위하여 '사무라이 정신'으로 무장해 온 것입니다. 이러한 지방 토호세력들의 정치적 집단을 봉건제도라고 부르는데 한국에서는 찾아볼 수 없고 일본에서만 찾아볼 수 있는 통치제도입니다.

사무라이정신은 위로는 나라(텐노)에 충성하고, 아래로는 영주(다이묘)를 중심으로 자기들끼리 화和로 단결하여 '자기 몫을 다하자는 정신입니다. '자기 몫을 다하자'는 정신은 '사무라이정신'의 근간을 이루고 있습니다.

오랜 역사를 통하여 중앙집권제도를 가졌던 한국과는 달리, 일본은 유럽에서나 볼 수 있었던 봉건제도가 일찍이 존재하고 있었습니다.

수도인 교토京都에 일본의 상징인 텐노가 국가적 상징과 위엄을 가지고 있고, 각 지방마다 다이묘가 있어서 실질적인 백성의 통치는 그들의 몫이었습니다. 영주들은 얼마간의 세금을 중앙에 내고, 텐노의 요청이 있을 때 군사동원 등의 의무만 지키면, 사실상의 모든 권력을 가지고 백성을 다스리며 자손에게도 영주의 자리를 세습할 수 있었습니다.

일본은 1590년에 도요토미 히데요시에 의해 처음으로 통일되었습니다.

가장 힘이 센 영주가 전국을 통일하였을 때 왕이 되고 싶은 생각이 나지 않았을 리가 없었을 것입니다. 그러나 자신이 왕이 되려면 지금의 텐노를 없애야 하고, 한 번 그렇게 되면 왕 자리를 노리는 하극상은 앞으로도 무수히 반복되어야 하며, 피비린내 나는 정변이 계속될 것을 예견한 한 다이묘가 있었습니다.

그는 바로 '쇼군(장군)'이라는 칭호를 받은 가마쿠라 영주였습니다. 즉, 봉건영주가 발상해낸 제도가 '무사정권(바쿠후)'입니다. 즉, 실질적 지배권력은 바쿠후의 쇼군이 장악하고, 전통성과 국가상징은 텐노가 가지는 이중 정부의 구성을 선택한 것입니다. 이렇게 성립된 바쿠후는 일본 역사의 대부분을 차지합니다.

가장 강력하고 대표적인 무사정권으로는 가마쿠라 바쿠후(1192~1333), 무로마치 바쿠후(1333~1573), 에도 바쿠후(1603~1867)를 들수 있습니다.

일본은 '통치권력'과 '국가상징'을 둘로 쪼개어 오늘날까지도 텐노는 나라의 상징 역할만 하고 내각총리는 통치권력인 실권을 장악하고 있는 것입니다.

이는 섬나라라는 지리적 특성이 만들어 낸 것이기도 하고 명분이나 원칙보다는 실리적이고 현실적인 힘을 앞세우고 있다는 점이 우리나라와는 다른 점입니다.

다음으로 일본 사람들의 주요 '의식구조'에 대하여 몇 가지 짚어 보려 합니다.

일본인이 제일 싫어하는 일이 '남에게 폐를 끼치는 행위'입니다. 이것을 '메이와꾸(타인에게 폐가 되는 일)'라고 하여 일본의 어린이 교육 제1조는 '절대로 남에게 폐를 끼치는 행동을 하지 말라.'는 것입니다. 이는 국민교육헌장 제1조로 생각하시면 됩니다. (우리나라의 국민교육헌장 제1조 '우리는 민족중흥의 역사적 사명을 띠고 이 땅에 태어났다…'와는 근본적으로 다르지요.)

자신의 그릇을 충실히 다듬고, 분수를 지키며, 주어진 몫을 완벽히 해냈을 때, 사회는 균형을 이루고, 자기 일을 남에게 떠넘기거나 마땅히 해야 할 일을 해내지 못할 때 이것은 개인의 무능력에서 그치는 일이 아니라 사회의 균등을 깨는 행위로 인식하는 것이 일본 사회의 통념입니다. 여기에서 나온 말이 '이치닌 마에(一人前: 한 사람 분의 몫)'

입니다.

음식의 한 사람 분이 '이치닌 마에'입니다. 그리고 또 하나의 뜻은, 한 사람이 해야 하는 '자기 몫의 일'이 '이치닌 마에'입니다. 식사할 때 탕을 끓여 같은 냄비에 먹지 않고, 한 사람 앞에 한 사람 몫을 각각 따로 차려서 먹는 식습관처럼, 자신의 몫을 감당할 줄 아는 인간이 되었을 때, 무슨 일이든 남의 도움 없이 혼자 처리할 줄 아는 능력이 되었을 때, '이치닌 마에'가 되었다고 말합니다. 자신의 몫을 자신이 해결하고, 남의 몫에 손대지 않는 것이 '이치닌 마에'인 것입니다.

밥을 먹다가 양을 남기는 것도 자기 몫을 못하는 것이고, 양이 모자란다고 남의 음식을 넘보는 것도, 자기 몫을 못하는 것입니다. 자기가 먹은 음식 값은 자기가 내어야 '이치닌 마에'이고, 남이 내면 그것은 남에게 신세지는 것으로 나중에라도 반드시 갚아야 하는 것이 '이치닌 마에'입니다.

일본인들은 내 문제는 내가 해결해야 하고, 내 주위에는 아무도 나를 도와주는 사람이 없다고 어릴 적부터 철두철미하게 생각하도록 아이를 교육하고 양육합니다. 그래서 일본에서는 '백지장도 맞들면 가볍다.'라는 속담이 아예 없습니다. 백지장은 혼자 들면 되지, 그렇게 가벼운 것을 왜 두 사람이 들어야 하느냐고, 저에게 오히려 반문하는 일본인 친구가 있었습니다.

또 남의 신세를 지지 않고 혼자서 자기 몫을 해낼 수 있는 것을 '어른 됨(大人, 오또나: 성숙한 사람)'의 기본으로 삼습니다. 어른이 되었다고 말하는 것은 '이치닌 마에'가 되었다고 말하는 것이 됩니다.

일본에서는 성인이 되면(20세부터) 결혼 전이라도, 어김없이 부모에게 자신의 생활비를 내고, 부모도 이를 당연한 일로 여기고 돈을 받습니다. 자주적이고 독립적인 생활을 할 수 있는 정신을 길러주기 위해서 일부러 그렇게 하는 것이지요.

물론 돈이 많은 일부 부잣집 아이들은 다르지만, 대부분의 중산층, 서민층 가정에서는 아르바이트를 해서라도 자신의 생활비용은 자기가 부담하여 부모에게 도움을 주려는 것이 일반적인 관습입니다. 이것도 '이치닌 마에' 사고방식에서 비롯된 것입니다.

일본말로 '죄송합니다.'와 '고맙습니다.'를 '스미마셍'이라고 합니다. '스미마셍'에는 두 가지 의미가 내포되어 있지요. 이 말은 그대로 번역하면 '아직 끝나지 않았습니다.'라는 뜻입니다.

뭐가 끝나지 않았다는 것일까요? 이는 은혜를 입었는데, 그 은혜 갚기가 끝나지 않았다는 것으로, 그 은혜를 아직 갚지 못했으니 죄송할 뿐이고, 또 고마울 뿐이라는 것입니다.

그리고 '감사합니다.'라는 말을 '아리가토 고자이마스'라고 하지요. '아리가토有難'는 글자 그대로 '내게 어려움이 있다.'라는 것입니다. 즉 '은혜를 입게 되어 지금 그 은혜를 갚지 못하고 있으니 내게 어려움이 있습니다.'라는 뜻으로, 내게 어려움이 있도록 은혜를 주셨으니 정말 감사하다는 의미입니다.

일본인은 친절하고, 인사성이 바르고, 예절이 깍듯하고 상대방에 대한 배려로 직선적인 표현을 삼가고, 자신이나 조직의 자존심 또는 체면을 지키기 위하여 목숨도 버릴 줄 아는 독특한 국민성을 갖고 있습니다. 이것은 겉으로 나타나 있는 것이기 때문에 외국인들에게 널리 인식되어 있습니다.

그러나 동시에 '이치닌 마에'로 상징되는 일본인의 사회는, 인간과 인간 사이에 시퍼런 칼로 줄을 그은 듯한 분명한 선이 있습니다. 이러한 일본인의 국민성은 외국인들이 알 수 있을 정도로 표면적으로 나타나 있는 것이 아니라, 일본인들 사이에서만 서로 내적으로 통용되고 있기 때문에, 우리들에게는 별로 인식되어 있지 않는 숨은 부분이라 할 것입니다. 아무리 가까운 사이에도 넘어설 수 없는 자신만의 세계를 구축해 놓고 있어서, '너는 너', '나는 나'라는 매우 냉혹한 인간관계를 가지고 있다는 점을 깊이 인식해 둘 필요가 있습니다. 이 점은 중국인들과 일맥상통합니다. 중국인들도 '너는 너, 나는 나'라는 기본적 국민정서를 가지고 있습니다.

일본은 한국처럼 '우리'라는 연대감으로 서로 뒤엉키는 뜨거운 정을 기대할 수 있는 사회가 아닙니다. 콩 하나라도 나누어 먹는다는 정의 문화가 농축되어 있는 한국 사회와는 매우 다르다는 점을 꼭 기억해야 합니다. 일본은 이런 점에서는 서양인들보다 더한 비정의 문화를 가지고 있습니다.

그렇기 때문에 태풍이나 수해, 가뭄, 재난, 재앙 등의 사회적인 어려운 일이 있을 때마다 십시일반 정신으로 기부금이나 구호기금을 내어, 따뜻한 도움정신을 발휘하는 한국인과는 다릅니다.

일본인들은 지진 같은 처참한 재난에 처해 있어도 '이치닌 마에' 정신으로 꿋꿋하게 혼자의 힘으로 일어나야 한다는 생각을 기본적으

로 가지고 있습니다. 지방자치기관이나 정부의 재정으로(즉 세금으로)
도움을 주는 것은 당연하게 생각하고 있지만, 여유 있는 사람들이나
개인들이 성금을 내어 모금하는 일은 그리 쉬운 일이 아닙니다.

물론 공통모금 활동을 하는 경우도 있고, 기업의 사회복지재단도
많이 있습니다. 그러나 어떤 재난에 대하여 개인의 기부와 적선활동
이, 다른 나라의 국민들에 비교하면 아주 미약한 수준입니다. 자기
몫은 자기가 해결해야 한다는 국민정서를 가지고 있기 때문입니다.
일본에는 사회가 평등해지고 균형 잡힌 삶을 유지하기 위해서는, 일
차적으로 자기 몫은 자기가 책임져야 한다는 국민적 의식과 가치관
이 보편화되어 있습니다.

일본인들은 부모자식이나 형제간에도 어려운 처지에 놓여 있는 사
람들을 그냥 도와주는 법이 거의 없습니다. 도와줄 형편이 되더라도
반드시 차용증서를 교환하고, 또 반드시 갚는다는 약속에 필요한 법
률적 절차를 밟은 후에 돈을 빌리고 그 약속을 이행하려고 최선을
다 합니다. 이러한 친척간의 돈 거래에까지 비즈니스 마인드에 입각
한 채권채무 관계를 분명히 하는 것을 보고, 한국인들은 참 냉정하구
나, 참 냉혹하구나, 참 무정하구나 하고 생각하겠지만, 그들에게는 너
무나 당연한 일이며 일상적인 일로 인지되고 있는 것입니다.

이렇게 할 수 있는 것도, 공동생활을 영위하는 데 필요한 자기책임
정신을 바탕으로, 타인에게 폐를 끼쳐서는 안 된다는 '이치닌 마에'정
신이 있기 때문에 가능한 일이라고 생각합니다.

우리는 인류 역사에서 '공산주의와 전체경제', '사회주의와 통제경제'

체제의 실험이 70년을 넘기지 못하고 일찍이 실패로 돌아갔다는 사실을 잘 알고 있습니다.

이제 인류사회에 공동체 운영의 가장 보편적 체제로 남아 있는 것은 '민주주의와 시장경제' 체제입니다. '민주주의와 시장경제' 체제를 만들고 유지하고 발전시키기 위해서는 반드시 필요한 전제조건이 있습니다.

그것은 국민의 '자유의지'와 국민의 '자기책임'정신입니다. 다른 말로 표현하면 개인의 '자유의지'와 개인의 '자기책임'정신입니다. '자유의지'와 '자기책임'정신이 없으면, '민주주의와 시장경제'는 허울 좋은 개살구에 불과합니다.

민주주의는 국민의 자유의지라는 뿌리에서 태어나고 자라고 성숙해야 열매를 맺을 수 있습니다. 시장경제는 국민의 자기책임이라는 뿌리에서 태어나고 자라고 꽃이 피어야 열매를 딸 수 있습니다.

1997년 말에 우리 정부의 외환정책 운용미숙으로 국가경제가 위기에 빠지고, 우리나라는 외환보유고가 바닥이 나서 국가부도에 직면한 적이 있었습니다. 이런 환란을 빌미로 IMF가 우리나라 경제정책을 지배할 때의 일입니다.

경제정책을 담당하고 있는 정부의 고위관리는 물론, 큰 기업의 최고 경영자의 관심은 온통 나라의 급한 불을 끄기 위하여, 외국 돈을 끌어 오는 일에 매달려야 했던 시절입니다. 저도 일본의 재계와 금융계 지도자들을 유치하여 한국에 투자하도록 설명회를 주선하는 일을 하였습니다.

일본의 재계와 금융계 지도자들은 한국당국과 접촉하기 전에, 주한 일본대사관으로부터 한국과 한국인에 관한 일반적 상식과 주의 사항에 대하여 사전연수를 받는 것이 관례였습니다. 여기에서 실제로 거론되었던 이야기를 소개하고자 합니다. 이 이야기는 제가 개인적으로 잘 알고 있는 어느 일본인 고위금융인으로부터 직접 들은 것입니다.

일본대사관의 경제담당 공사가 강의에 앞서 질문을 던졌습니다. 일본인이라면 누구나 알고 있는 두견새 이야기를 화두로 질문을 한 것입니다.

"여러분, 오다 노부나가(일본 전국戰國시대에 통일의 기초를 닦아 낸 다이묘)는 새가 울지 않으면 울지 않는 새의 목을 비틀어버리고, 도요토미 히데요시(오다 노부나가 슬하에 들어가 그의 사후에 통일의 열매를 거머쥔 불세출의 노력과 장수)는 새가 울지 않으면 갖은 수단 방법을 강구하여 새가 울도록 만들고, 도쿠가와 이에야스(막강한 세력의 다이묘 출신으로 도요토미의 사후에 에도江戶 바쿠후시대를 연 쇼군)는 새가 울지 않으면 새가 울 때까지 기다리는 사람임을 아시지요? 자, 질문하겠습니다. 그러면 한국의 대통령은 새가 울지 않으면 어떻게 할까요?"

일동 묵묵부답.

"제가 정답을 알려드리겠습니다. 한국의 대통령은 우선 근엄하게 위엄을 갖추고 나서 멋쩍은 듯 입을 열고 대답합니다. '그것 참, 새가 울지 않는 것이 어떻게 내 책임입니까? 그것은 내가 책임질 일이 아니올시다.'

어쩜 이렇게 오늘날 한국 정치지도자의 무책임한 태도를 날카롭게 집어낼 수 있을까요? 일본인은 한국인의 장점과 단점을 정확하게 공부하고 있었습니다.

저는 회사의 대표(현대그룹의 일본지역 총괄 대표)로 일본에 장기간 주재하였기 때문에 일본 경제계는 물론, 정치계·학계·문화계의 대표적 위치에 있는 지도자들과 면담하고 교류하는 기회를 비교적 많이 가졌었습니다. 그럴 때마다 패전에서 참혹하게 파괴되었던 일본이라는 나라가, 다시 우뚝 일어나서 경제대국이 되고, 일인당 국민소득 세계 1위 수준의 선진국이 된 근본동력이 무엇인지, 한마디로 알려 달라는 주문을 많이 했습니다. 제가 만난 재계의 지도자적 입장에 있는 일본인들에게, 만날 때마다 예의를 갖추어서 간절히 요청한 것이지요.

제가 질문을 한 인사는 총 100여 명이며, 일본 케이단렌經團聯의 이나야마 회장, 사이토 회장, 히라이와 회장, 동경상의東京商議의 카지마 회장을 비롯하여 미츠비시, 미츠이, 스미토모, 이토츄, 마르베니, 닛쇼이와이, 카네마츠 고쇼, 토멘의 회장 및 사장, 소니, 마츠시타, 히타치, 후지츠, NEC의 회장 및 사장, 신일본제철, 카와사키제철, 니혼강관의 회장 및 사장, 일본은행 총재, 일본장기신용은행 행장, 도쿄은행 행장, 스미토모은행 행장, 다이치칸교은행 행장, 아사히신문, 니혼케이자이신문, 마이니치신문의 사장 및 편집국장, 참의원의원, 중의원의원, 니이카다현 지사, 홋카이도 도지사, 통산성 대신, 도쿄대, 게이오대, 와세다대, 교토대, 가쿠슈인대, 오차노미즈대의 교수들 등이 포함되어 있습니다.

그들은 이구동성으로, 누구에게 물어도, 동일한 대답을 해 주었습니다. 참으로 신기하지요. 누구에게도 물어봐도 같은 대답이 나온다는 사실은 놀라운 일입니다. 그리고 그것은 아름다운 것입니다. 전체적이고 종합적이고 총체성을 가진 것은 아름다운 것입니다.

그들이 한 마음으로 대답한 말은 '화혼양재(와콘요사이, 和魂洋才)'정신이었습니다.

먼저 '양재'라는 말을 생각해 봅시다. 이것은 '바다 건너의 재주'라는 뜻입니다. 바다 건너의 모든 문명, 문화, 기술, 지식, 정보를 '양재'라고 하였습니다. 그리고 그러한 '양재'를 모두 받아들이는 '개방성'을 제일로 꼽았습니다. '바다 건너의 재주'는 물론 대부분 동양보다 앞서 있었던 서양의 문물과 기술과 정보를 뜻하는 것입니다.

그 다음으로 '화혼'은 무엇일까요? 이것은 모든 해외의 문명, 문화, 지식, 선진 정보와 첨단 기술을 받아들이되, 여기에는 그렇게 받아들인 정보와 기술에 반드시 일본인의 혼을 가미하여 일본화시켜 받아들인다는 결의가 들어 있습니다.

아니 그보다, '화혼이라는 일본적 정신의 근본'이 있는데, 여기에 '바다 건너에서 들어온 재주'를 가미 또는 접목시킨다는 뜻입니다.

가미시키고 접목시켜 보아서 일본적으로 일본정신에 맞으면 받아들이고, 그렇지 않으면 일본식으로 바꾸어서 받아들이고, 일본정신에 정녕 부합시킬 수 없는 것은 단호하게 잘라버리는 것입니다.

'화和'라는 것은 일본의 건국이념입니다. 건국이념을 '화혼'으로 승화시켜서 계승·발전시킨 것이 일본정신의 제일 근본인 '화혼'입니다.

그래서 일본 음식을 화식和食이라 하고, 일본 옷을 화복和服이라 하고, 일본 노래를 화가和歌라고 하고, 일본식 스타일을 화풍和風이라고 하는 것입니다.

和라는 글자는 벼米 와 입口을 합성한 것으로 '사이좋게 밥을 먹는다.'는 뜻이고 '한 식구끼리 사이좋게 지낸다.'라는 의미입니다. 이것이 바로 '사무라이정신'의 모태가 된 일본 제일의 근본적 민족정신인 것입니다.

어찌 되었건, '화혼'은 일본인 특성에 맞추어서 실용적이고 실질적이며 도움이 되는 것은 받아들이고, 그렇지 못한 것은 '화혼'에 맞도록 조절, 조정하여 새로운 가치(일본식 가치)를 부가적으로 창조해서 받아들인다는 정신입니다.

이러한 '화혼양재'정신은, 19세기 중엽 일본이 미국의 흑선黑船에 의해 처음으로 서양인들에게 항구를 개방한 이후 오늘에 이르기까지 일관되게 체계적·조직적·총체적으로 추진되고 이행되어 왔습니다.

일본은 도쿠가와 이에야스의 에도 바쿠후 정권이 유지된 260여 년 간 평화로운 섬나라 사회를 건설하고 일본식 전통 문명의 꽃을 피웠다고 할 수 있습니다. 에도 바쿠후가 무너지고 천황정치가 전면에 나서는 메이지유신이 1868년에 성공하여 일본은 신천지(서구)의 신문명과 눈부신 접목을 하게 됩니다.

이때 일본국민의 정신적 혼란을 바로 잡고, 일본인의 근대적 철학을 추스른 대학자가 나왔습니다. 그 사람이 바로 후쿠자와 유키치福澤論吉입니다. 일본 화폐의 만엔 권 지폐에 초상화가 실려 있는 사람입니다.

후쿠자와는 1885년에 탈아입구론脫亞入歐論을 제창하였습니다. 그의 주장의 요지는 이러했습니다.

"일본은 조선과 중국의 개명을 기다려 함께 아시아를 흥하게 할 여유가 없다. 일본은 그들과 결별하고 서양의 문명국들과 진퇴를 같이 해야 한다. 나쁜 친구를 사귀면 함께 오명을 피할 수 없다. 우리는 아시아의 나쁜 친구를 사절해야 한다. 조선과 중국을 상대하지 말고, 오로지 서양의 선진 문물을 받아 들여 일본을 근대화하자."

일본을 위하여 내놓은 그의 처방은 올바른 지식인의 처방으로 일본의 지도 인사들에게 즉각 받아들여졌습니다. 19세기 말 일본의 정치적 지도자들은 그의 탈아입구론에 열광했습니다.

일본의 국민성 중에는 역사적으로 '강자에 약하고, 약자에 강한 사람'이라는 딱지가 붙어 있었다는 것은 아시지요? 탈아입구론 이후에는 '일본은 강국에 약하고, 약국에 강한 나라'라는 또 하나의 딱지가 붙게 되었습니다.

그리고 이러한 '탈아입구'정신은 어느덧 일본 국민의 보편적인 철학으로 자리 잡게 되었습니다. 일본인의 '탈아입구'정신은 그대로 일본 정부의 정책으로 확립되었고, 대외정책에 일관성 있게 추진되어온 것입니다. 일본의 이러한 대외정책은 한국이나 중국이 지구촌을 리드하는 수준의 강국이 되거나 적어도 일본의 수준보다는 한층 더 강하게 될 때까지는 계속 일관되게 지켜지지 않을까 하는 생각이 듭니다.

이것은 매우 중요한 의미를 담고 있습니다. 왜냐하면 오늘날에도 일본의 기본 대외정책은 여기에서 조금도 벗어나 있지 않기 때문입니다.

우리 정부의 대일외교정책은 일본의 '탈아입구'정책을 완전히 이해한 바탕에서 새롭게 짜여야 하고, 일본의 실리외교를 능가하는 수준의 한국적 중심 철학을 바탕으로 한 '실사구시'외교를 펼쳐야 할 것입니다.

이제 '일본', '일본인', '일본 사회'에 관한 저의 이야기를 마무리하는 결론을 말씀드리겠습니다.

일본인의 특징은 다음 몇 가지 사항으로 요약될 수 있습니다.

첫째, 일본인은 한국인과 철학, 사상, 종교적 배경이 다릅니다.

둘째, 그렇기 때문에 지구촌에서 외모가 가장 비슷한 한국인과 궁합이 맞지 않는, 일본식의 독특한 민족성을 갖게 되었습니다.

셋째, 그들은 우리나라와는 달리 '일본식 정신문화의 정체성'을 확립하여, 전 국민이 하나로 뭉칠 수 있는 동질성(종교적·사상적·철학적)을 배양하여 왔습니다.

넷째, 그들은 특유의 문화적 정체성을 잘 다듬어, 글로벌 시대의 지구촌에 내놓고, 일본의 '사무라이정신'을 세계화하는 문화예술 수출에 매진하고 있습니다.

다섯째, 일본인들은 '화和'라는 그들 건국이념의 정체성을 국민교육에 포함시켜, 체體로서는 '사무라이정신'으로 나타내고, 용用으로서는 '화혼양재의 정신'으로 실천하고 있습니다.

분명히 말씀드리지만, 나는 일본을 칭찬하고 있는 것이 아닙니다.

앞에서 말씀드렸듯이, 냉정한 입장에서 객관적으로 일본인을 관찰해 본 것을 나름대로 사실적 측면에서 정리한 것입니다.

더 솔직히 말씀드려서, 나는 '일본'을 좋아하지 않습니다.

더 구체적으로 말하면, 나는 '일본제국'과 '일본정부'와 '일본정치지 도자'를 좋아하지 않습니다.

그들의 패도정치, 역사적으로 행한 침략 행위, 이중적 현실태도(비록 그것이 실용, 실리를 위한 것이라도)를 싫어합니다.

그러나 한편, 나는 친절하고 예의 바른 '일본인'과 아름답고 깨끗한 '일본 사회'는 좋아합니다. '제 몫 정신'과 '자기책임'정신을 생활화하고 있는 일본 사람을 좋아합니다. 일본인은 인간사회의 공동체 체제에 공헌할 수 있고, 아름답고 깨끗한 사회인으로 육성할 수 있는 높은 수준의 교육철학과 실행력을 가지고 있습니다. 뿐만 아니라, 인류사 회를 품위 있는 사회로 만들어가는 데 필요한 구체적 실행방법인, 서 로 양보하고 서로 배려하고 서로 섬기는 예절(예의범절)을 국민적 생활 관습으로 보유하고 있습니다.

특히 허리를 깊이 숙여 절하는 예법은, 한국과 중국에서는 고물상 의 허름한 창고에 처박혀 있는 것과 마찬가지로 거의 사라져가는 과 거의 행동예절인데 비하여 일본인들만이 아직도 버리지 않고, 갈고 닦으며 간직하고 있는 아름다운 인사법으로 일본 사회의 구석구석에 그대로 남아 있습니다.

우리나라는 동방예의지국 시절에 가지고 있었던 아름다운 미풍양 속을, 사회질서가 서양화되면서, 너무 형식적이고 거추장스럽다는 단

순하고 편협한 비판만으로, 아무런 대안도 마련하지 못하고 벗어 던
져버린 지 오래입니다.

그와는 대조적으로, 사회질서가 서양화되어가는 과정에서도, 일본
인은 서로 공손하게 큰절하는 미풍양속을 지키고, '제 몫을 다하여
타인에게 폐를 끼치지 않는다는 전통적 '자기책임'정신을 더욱 고양하
고 신장하여 공동운명체적 사회 건설을 일본식으로 만들어내는 관
습을 만들어 왔습니다.

일본인은 '제 몫을 다하는 것이 '사회평등'이라고 믿고 있습니다. 이
말은 일본 사람을 이해하는 데 매우 중요한 말입니다. 왜냐하면 '제
몫을 다하지 못하면 균형이 깨어지고, 평등한 사회를 이루어낼 수 없
다고 인식하기 때문입니다.

남에게 폐를 끼치지 않기 위해서, 나는 물론, 나의 주위를 내가 깨
끗이 하는 생활습관을 자신의 삶에 농축시키고 있습니다. 나의 밥벌
이는 내가 책임지고 해야만 남에게 폐가 되지 않는다는 개인적 독립
사고를 체질적으로 내재시키고 있습니다. 내게 발생하는 모든 문제,
심지어는 나로 인해 발생한 조직의 모든 문제의 책임은 내게 있다는
공동체를 위한 '자기책임'의식이 확립되어 있습니다. 남의 좋은 것은
언제나 받아들여서, 나의 발전의 밑거름으로 삼는다는 열린 의식과
향상심을 갖추고 있습니다. 그러나 아무리 좋은 것이라도 무조건 받
아들이는 것이 아니라 나에게 어울리는, 즉 '나의 분수'에 맞는 것만
을 받아들인다는 삶의 의식이 확립되어 있습니다.

예를 들면, 국민들의 언어생활에 그렇게 많은 외래어를 활용하고

있어도 일본식 발음으로 일본화된 외래어만을 사용합니다. 이유는 간단합니다. 그것이 편하기 때문입니다. 일본인들의 혀의 구조상 원음발음을 그대로 따라 하는 것은 '분수'에 넘치는 일이기 때문입니다.

일본인은 일본의 전통문화를 고스란히 지키면서, '화혼'이 살아있는 상태로 외래문명을 받아들이는 전통적 삶의 습관이 확립되어 있습니다. 그 예로 서양에 있는 '팁(봉사료)' 제도가 일본에는 없습니다. 서양의 문화가 아무리 앞서있다고 해도 팁 문화는 일본에 발을 붙이지 못했습니다. 식당의 여급, 술집의 호스티스(여성 도우미), 골프장의 캐디, 호텔 종업원(배차원, 짐꾼, 방 안내원 등)에게 주는 팁이 없습니다. 여행할 때 호텔 투숙객이 침대에 두고 나오는 팁도 없습니다. 지구촌에서 가장 높은 수준의 서비스를 제공하면서도 절대 팁을 받지 않는 사회를 일본만이 확립시킨 것입니다.

일본식 제도의 확립은 '이치닌 마에' 정신에서 나온 것입니다. 이러한 일본식 제도는 일본 사회를 지구촌에서 가장 투명한 서로 믿는 '신뢰사회'로 구축하는 데 원동력이 되었습니다. 일본은 '고신뢰사회'입니다. 팁 제도를 없앴기 때문에, 즉 서양으로부터 서비스 다양화 기술을 받아들이면서 팁 지불의 관습을 제거하였으므로 일본인들은 서양에서 횡행하는 세무자료 없는 음성 수입에 물들지 않을 수 있었고, 조직과 사회 속에서 '제 몫'을 철저히 다하는 삶의 습관을 잃어버리지 않았습니다. 그리고 자신의 모든 수입에서 정당하게 정해진 세금을 내는 것도 '제 몫'을 다하는 것으로 인식하는 사회가 된 것입니다.

일본은 유교에서 가르치고 있는 '절제'와 '근검·절약'정신이 정부의 재정운용 정책과 사회조직에 그대로 농축되어 있습니다.

예를 들면 일본의 도로를 보십시오. 꼭 필요한 넓이만큼 도로를 만들었습니다. 확 트이거나 뻥 뚫린 도로 대신에 차 두 대가 겨우 지나다닐 수 있는 도로만 건설했습니다. 교통량이 많은 대도시에도 4차선을 넘는 도로가 있는 경우는 매우 드뭅니다. 물론 반드시 필요한 경우에는 8차선도 만들어 놓고 있습니다만, 전국의 어디를 가나 국토 이용을 절제와 절약 정신에 의거하여 조화적으로 개발하고 있습니다.

일본인의 절제와 절약정신은 집의 넓이에서도 잘 나타납니다. 작은 집의 구조와 효율적 주부 동선 처리, 수납공간 설계 등은 세계 제일입니다.

자동차는 경자동차(500cc 이하)가 5할 이상입니다.

일본은 고이즈미 수상의 개혁정책으로 작은 정부에로의 '정부혁신'에 성공한 나라이기도 합니다. '작은 정부와 큰 시장'이란 경제정책으로 글로벌 경쟁시대의 무한 경쟁에 대응하고 리드해나가기 위해 정부의 불필요한 쓰임새를 줄였습니다. 공무원 수가 많으면 그만큼 규제가 많아지고 정부지출이 많아지고 세금을 올려야 하기 때문입니다. 일본은 선진국 중에서도 가장 작은 정부를 자랑하고 있습니다. 가장 작은 정부로 가장 효율이 높은 '고급행정서비스'를 제공하고 있습니다. 큰 정부를 지향하여 공직자 수를 대폭 늘리고 있는 대한민국 정부와는 너무 대조적입니다.

일본인들은 밥을 먹을 때 밥공기에 밥이 남거나, 국그릇에 국이 남는 일이 없습니다. 자기 먹을 분량만 떠서 먹기 때문입니다. 만약에 자기가 떠먹은 밥이나 국을 남기면 이것은 '제 몫'을 다하지 못하는 일이고, 어른이 되지 못한, 즉 덜 떨어진 사람으로 인식합니다.

음식물에도 절제와 절약정신이 생활화되어 있습니다. 지구촌에서 음식물 쓰레기가 가장 적게 나오는 사회, 자기 쓰레기는 반드시 자기가 치우는 사회, 공해 유발을 공공의 적으로 여기는 사회, 인간의 손이 미치지 않은 버려진 땅이 없는 사회, 국토를 자연과 인간의 조화로운 삶의 터전으로 개발한 사회가 바로 일본입니다.

이러한 것들이 바로, 오늘날 일본 사회가 지구촌에서 가장 깨끗한 주거환경을 만들고, 가장 건강한 장수사회를 만들어 낼 수 있었던 원동력이라고 생각합니다.

잘 알고 계시는 바와 같이, 영국에는 '젠틀맨십'이라는 '귀족적 신사 정신'이 있고, 미국에는 도전과 개척의 상징인 '프런티어정신'이 있고, 중국에는 자신들이 세계의 중심적 위치에서 빛난다고 하는 '중화정신中華精神'이 있습니다. 중화정신은 송나라 때 지방 여러 곳에서 민란이 일어나자, 통치에 어려움을 겪던 중국 황실과 백성들에게 자긍심을 심어 주고, 우월적 공동체정신을 불어 넣어주어 나라를 혁신하기 위하여 당대의 대학자였던 주희가 주동이 되어 이론을 집대성한 것입니다.

중화정신, 북쪽에는 도둑 때北狄가 있고, 남쪽에는 벌레 같은 야만 놈南蠻이 있으며, 서쪽에는 창을 든 되놈西戎이 있고, 동쪽에는 큰 활을 든 무리東夷들이 살고 있다면서, 오직 중국인만이 문화민족으로 세계의 중심이라며 자기우월성을 주장하는 일방적 민족정신입니다.

이것은 민중 속에서 자연스럽게 성숙된 민족정신이 아니라, 위정자가 고압적으로 만들어 민중들에게 교조적으로 주입시킨 정신입니다. 북적의 적, 남만의 만, 서융의 융, 동이의 이가 모두 '오랑캐' 또는 '되놈'이라는 뜻이 담겨 있는 것만 보아도 얼마나 일방적이고, 오만 방자하고, 교만하고, 적대적인 정신인가를 짐작할 수 있습니다.

중국은 지정학적으로 끊으려야 끊을 수 없는 우리의 이웃이기 때문에, 중국의 중심사상이 되어 있는 중화정신을 잘 기억해야 할 것입니다. 이 중화정신 때문에 오랜 세월 동안 우리는 우리의 국민적 의사를 주체적이고 자주적으로 중국에 제대로 개진할 수조차 없었던 시절이 많이 있었던 것입니다.

일본인과 중국인은 서로 다르면서, 서로 같은 동질성을 많이 공유하고 있다는 점에 유의해야 합니다. 그 바탕은 철학적인 것으로, 두 나라 사람들이 모두 '순자사상'에 바탕을 둔 국민적 철학을 갖고 있다는 점을 기억할 필요가 있습니다.

순자사상은 유교에 법가적 과학성을 가미시킨 사상입니다. 진시황은 중국을 통일한 후 한비자의 법가사상을 정치에 실험한 최초의 황제입니다. 진시황은 법가사상을 통치에 도입하여 황제의 위상과 권위에 아무도 도전하지 못하도록 하는 무시무시한 공포정치로, 모든 백성을 노예화시킨 최초의 왕으로 역사는 기록하고 있습니다.

과학은 상수보다는 변수가 많습니다. 과학은 대의가 아니고, 명분도 아닙니다. 과학은 현재이고 실제이고 실익이고 실용이고 계산입니다.

우리나라 사람들이 대의와 명분에 충실하고, 원리원칙을 따지고, 과거사에 집착하는 것이 절대 나쁘다고만 할 수는 없습니다. 과거사를 바로 잡기 위해서, 우리의 선조들은 이미 죽은 사람의 봉분을 뒤엎고 한풀이를 하기도 했습니다. 그리고 이러한 맥락은 앞으로도 이어져 국민의식으로 남을 것입니다.

맹자사상은 우리나라 사람들의 국민의식의 바탕이 되어왔고, 앞으로도 그럴 것입니다. 맹자사상은 사람의 본성을 선善으로 인식하고, 그 선성善性을 옹호하고 확대시커나가는 교육, 생활, 정치철학입니다. 그러므로 양심良心을 유일한 근본 잣대로 삼습니다. 왜냐하면 양심이 바로 하늘이 내린 천심天心이기 때문입니다. 양심에서 덕이 나오고, 인이 나오고 의가 나옵니다. 진정으로 양심의 잣대가 올바르게 확립되면, 인위적인 잣대, 즉 법의 잣대, 힘(폭력)의 잣대, 권력의 잣대, 돈의 잣대가 발을 붙일 수 없습니다. 그러나 양심의 잣대가 무너지면, 바로 무너진 그 자리에, 온갖 인위적 잣대가 등장하여 활개를 치게 됩니다.

인위적으로 만든 잣대는 제아무리 완벽을 기한다고 해도 편견, 편협, 단견, 고정관념, 비현실성, 비합리성, 비총체성, 정보 부족, 미성숙 등에서 오는 부작용과 갈등을 동반하여 찾아오는 것입니다.

개인이기, 집단이기, 지역이기, 조직이기, 계층이기, 세대의 차이에서 오는 세월이기 등이 만연하여 끊임없는 흠집 내기, 끌어내리기, 모함하기, 비난하기, 망신주기, 갈등, 대결, 분열, 적대, 다툼, 싸움 등이 일어납니다.

우리의 선조들이 최고의 덕목으로 숭상한 하늘이 내린 '양심의 잣대'가 형이하학적으로 실행되는 것이 왕도정치이고 덕치주의입니다. 이것은 패도정치와 법치주의를 훨씬 초월하는 이상주의적 덕목입니다.

　우리는 이러한 아름다운 덕목을 단순히 과거의 것으로 치부해버리고 말거나 오늘날에는 어울리지 않는 지난날의 유물에 불과하다고 규정하여 단견적으로 쉽게 버려야 할 대상이 절대 아니라는 진실에 주목해야 할 것입니다.

　이러한 덕목은 현재에도 여전히 유효하고, 유익하고, 인류사회의 미래에는 더욱 그 가치가 높은 덕목이 될 수도 있습니다.

　우리의 선조들이 이루어놓았던 '붓의 사회'가 가져다 준 아름다운 전통 생활관습(양심을 근본으로 삼고, 서로 양보하고, 서로 섬기고, 서로 보살피며 예절을 갖춘 생활)은, 오늘날 우리나라 어느 구석을 보아도 그 흔적을 찾아보기 힘들 정도로 그늘에 가려져 있습니다.

　거기에다가 '붓의 사회'를 이루는 데 뿌리와 기둥 역할을 하였던 선비정신은 어디에도 발을 붙일 수 없을 만큼 우리 사회는 정신적으로나 정서적으로 퇴락하고 몰락한 상태에 빠져 있습니다.

　그리고 단순히 감성적인 이유 또는 산술적 이익 때문에, 마구잡이로 수입해온 서구의 조잡한 사상과 이론에 하염없이 오염되어 있습니다. 문제는 서구의 사상과 이론에 있는 것이 아니라, 무검증적이고 무비판적이고 무차별적으로 들여오는 우리나라 학자들의 안이하고 편협하고 단견적인 한건주의식 사고방식과 '비선비의식'에 있습니다.

　우리에게 필요한 것은 지금이라도 빨리 선비정신을 되찾는 일입니다.

우리에게 시급한 것은 지금이라도 빨리 양심의 잣대를 바로 세우는 일입니다.

우리가 선비정신을 되찾고, 더 나아가서 대한민국의 개국정신인 '홍익인간', '이화세계', '성통광명'의 근본정신을 다시 되찾을 때, 우리 민족, 우리 사회는 한 단계 더 높은 수준의 덕치주의를 새롭게 확립할 수 있을 것입니다.

우리가 근본으로 되돌아가서 반성하고, 선비정신을 부활시킬 수 있는 불씨가 거국적으로 지펴질 때, 우리에게 인류사회에 도움이 되는 전통적이며 새로운 '고신뢰사회'를 이룰 수 있는 문화적 '의식개혁'의 불꽃이 훨훨 살아날 것이라고 확신합니다.

우리나라는 '문화대국'이 되어야만 글로벌 경쟁에서 선도적 지위를 확보할 수 있습니다.

문화대국의 주춧돌이 바로 선비정신의 확립과 선비가치의 세계화입니다.

모처럼 비교 우위에 올라선 정보기술 분야와 생명과학 분야 그리고 문화예술 분야는 앞으로 우리나라의 향방과 흥망을 가름할 수 있는 아주 중요한 지식산업입니다.

이런 지식산업 분야에서 우뚝 일어서서 세계의 일류국가, 일류국민이 되기 위해, 우리는 우리나라의 국민적 정체성과 국민정신을 새롭게 정립할 필요가 있습니다. 우리나라의 개국정신인 '홍익인간'을 기본철학으로, 체體로는 '선비정신'을 펴고, 용用으로는 '실사구시實事求是' 정신을 발휘해야 할 것입니다.

강의를 마치면서 마지막으로 일본인의 사무라이정신을 잘 나타내고 있는 시 한 편을 소개 합니다. 이 시는 15세기부터 일본 무사武士들이 사무라이정신을 일상적으로 생활화하기 위하여 즐겨 암송하였던 것입니다. 이 시에는 우리가 잘 이해하지 못하는 '일본인의 정서'가 그대로 실려 있습니다. 우리를 섬뜩하게 하는 이들의 노래를 듣고, 이제라도 우리의 내공을 강화시키는 정신적 채찍으로 활용할 수 있게 되기를 기대합니다.

무사의 노래(작자 미상)

나에겐 부모가 없다.
하늘과 땅이 나의 부모.

나에겐 집이 없다.
깨어 있음이 나의 집.

나에겐 삶과 죽음이 없다.
숨이 들고 나는 것이 나의 삶과 죽음.

나에겐 특별한 수단이 없다.
이해가 나의 수단.

나에겐 힘이 없다.
정직이 나의 힘.

나에겐 비밀이 없다.
인격이 나의 비밀.

나에겐 몸이 없다.
인내가 곧 나의 몸.

나에겐 눈이 없다.
번개의 번쩍임이 나의 눈.

나에겐 귀가 없다.
예민함이 나의 귀.

나에겐 팔 다리가 없다.
신속함이 나의 팔 다리.

나에겐 기적이 없다.
바른 행동이 나의 기적.

나에겐 고정된 원칙이 없다.

모든 상황에 적응하는 것이 나의 원칙.

나에겐 전략이 없다.

비움과 채움이 나의 전략.

나에겐 벗이 없다.

내 외로운 마음이 곧 나의 벗.

나에겐 적이 없다.

부주의가 곧 나의 적.

나에겐 갑옷이 없다.

관대함과 의로움이 나의 갑옷.

나에겐 굳건한 성城이 없다.

흔들림 없는 마음이 나의 성.

나에겐 검劍이 없다.

나를 버림이 곧 나의 검.